논어로 열어가는
마음 푸른 청년의 삶과 비전

청년논어

백승수 저

박영
story

머리말

논어로 열어가는 마음 푸른 청년의 삶과 비전

바야흐로 문명이 전환되고 있다. 눈부시다. 하루가 다르게 새로운 시대가 열리고 있다. 인간 세상의 모든 영역에서 근본적인 변화가 일어나고 있다.

인류는 가상현실, 증강현실을 초월하여 시간과 공간이 무한히 확장되는 '또 하나의 세계 – 메타버스'를 창출하고, 인공지능(AI), 빅데이터를 통해 인간의 지능을 초월하는 '또 하나의 인간 – 포스트휴먼'을 창조하고 있다.

이미 산업 문명은 종말을 고했다. 이제 '스마트 문명'이 전개되고 있다. 스마트 문명은 4차 산업혁명, 스마트 혁명, 디지털 전환의 성과를 기반으로 인간과 컴퓨터를 연결하고, 현실과 상상을 융합하면서 인간지능과 인공지능의 경계를 허물고 한계를 초월하며 인류의 삶의 양식 자체를 바꾸고 있다.

하지만 인류가 만들어내고 있는 '멋진 신세계'가 마냥 멋있게만 보이지는 않는다. 인간성 상실, 윤리적 가치 실종, 승자 독식과 경쟁 지상주의, 사회적 격차 심화, 차별과 갈등의 일반화 등 우려의 목소리가 높다. 코로나 팬데믹에서 보듯이 점증하는 글로벌 이슈는 여전히 오리무중이다.

다행히 인간은 앞만 보는 것이 아니라 뒤도 볼 수 있는 천부적인 능력을 가졌다. 인류는 앞이 보이지 않을 때 뒤를 되돌아보면서 앞길을 개척하는 지혜가 있었다.

2천 5백여 년 전 춘추전국시대의 대격변은 오늘날의 대전환과 많이 닮았다. 작금의 변화를 바라보는 데 좋은 참고가 된다. 《논어》를 읽는 데 있어서도 필수적인 배경 지식이다. 크게 4가지 측면에서 정리할 수 있을 것이다.

첫째는 청동기 문명에서 철기 문명으로의 전환이다. 철기는 농업 생산력을 증대시키고 수공업, 상업을 발달시켰다. 철제 무기는 전쟁의 양상마저 바꾸어 놓았다. 부국강병에 의한 패권 경쟁이 격화되고 영토 전쟁이 일상화되었다. 오늘날 신자유주의에 기반한 무한 경쟁 사회의 모습과 유사하다. 철기 문명의 도래는 스마트 문명의 대두에 비견할 만하다.

둘째는 사회체제의 재편이다. 춘추전국시대는 주나라가 봉건적 권력을 상실하면서 시작되었다. 제후와 대부의 세력이 강성해지면서 주나라 왕실은 유명무실한 존재로 전락했다. 왕에서 백성으로 이어지는 단선적이고 계층적인 신분 체제가 흔들리면서 구질서가 재편되었다. 제후국을 중심으로 한 중앙집권적 관료 체제가 새로운 사회 질서로 등장하였다. 혈통보다는 능력이, 세습적 신분보다는 자기만의 인격이 개인의 존재를 증명하는 시대가 도래했다. 가히 신인류의 등장이라 할 수 있다.

셋째는 지식 지형의 변화이다. 춘주전국시대는 곧 제자백가의 시대이다. 당대의 지식인인 제자백가는 새로운 질서를 형성하기 위한 다양한 담론들을 활발하게 개진하였다. 인간을 탐구하고 사회를 논하면서 새로운 지식을 창출하고 확산시켰다. 공자의 인(仁)의 철학을 비롯하여 동양적 사유의 원형은 거의 모두 이 시대에 형성되었다.

작금의 스마트 문명은 초융합성, 초연결성, 초지능성을 기반으로 지식의 폭증과 지식의 융합을 가속화시키고 있다. 문명의 전환은 지식의 빅뱅에서 촉발된다는 전환의 원리는 이미 B.C. 5세기의 변화에서도 확인된다.

넷째는 제도로서의 교육의 발명이다. 좁혀서 말하면 사제관계의 발명이라고 하겠다. 사제관계는 기존에 없던 인간관계의 새로운 유형이다. 배우고 가르치는 제도적 체제가 구축되었다. 그 길은 공자로부터 비롯되었다. 공자를 선사(先師)라고 한다. 최초의 스승이며 가장 오래된 스승이 선사다. 공자 이전에도 교육은 행해졌으나 가르치는 일을 업(業)으로 하는 전문적인 교사는 없었다. 교사가 생기니 제자도 생겼다. 제자 역시 공자가 처음으로 제도화한 교육적 존재이다.

배우지 않고 새로운 문명을 열 수 있는 길은 없다. 가르치지 않고 새로운 질서를 만들 수 있는 길은 없다. AI시대에도 마찬가지다. 다만 인공지능이 인간지능보다 발전 속도가 빠르다는 것에는 진지하게 주목해야 한다. 깊은 성찰과 예리한 통찰을 필요로 한다.

다시 《논어》의 산에 오른다.

누구는 《논어》를 '우주 제일의 책'이라 말했다. 흔히들 평생에 걸쳐 읽는 책이라고 한다. 평생에 한 번이라도 《논어》를 읽으라고 한다. 남녀노소 누구나 언제라도 읽기만하면 좋은 책임에는 틀림이 없다.

특히 청년이 읽으면 좋은 책이다. 아니, 청년이 읽어야 할 책이다. 퇴계 이황은 12살에 숙부로부터 《논어》를 배웠다. 선조들은 10대에 논어를 읽었다. 10대부터 《논어》를 읽기 시작하여 평생을 옆에 두고 읽고 또 읽었다.

공자는 3,000여 명의 제자를 두었다고 한다. 제자들은 주로 10대에서 40대에 걸친 청년들이었다. 공자가 73세를 일기로 세상을 마칠 때 옆에 있던 증자, 자하, 자장 등의 제자들은 20대의 청년들이었다. 《논어》는 청년들과 함께 청년의 언어로 말하고 청년의 마음으로 생각한 '청년의 논어'였다.

'논어의 산'을 오르는 길은 실로 다양하다. 각자 저마다의 산을 오르는 방법이 있을 것이다. 동쪽으로도 오르고, 서쪽으로도 오른다. 혼자서도 오르기도 하고, 여럿이 오르기도 한다. 한 번만 오르기도 하고, 수없이 여러 번 오르기도 한다. 오르다가 포기하기도 하고, 완주하기도 한다. 어렵고 힘들게 오르기도 하고, 쉽고 즐겁게 오르기도 한다. 수많은 갈래 길 가운데 자기가 걷고 싶은 길을 걸을 뿐이다.

우리가 걷는 이 길은 즐겁고 경쾌한 길이다. 한자와 한문을 몰라도 재미있게 읽을 수 있는 논어, 동양철학의 배경 지식이 없어도 자유롭게 읽을 수 있는 논어, 엄숙하고 무거운 유교 경전의 분위기에서 벗어나 자유롭고 경쾌하게 읽을 수 있는 논어를 지향한다. 상투적인 공허한 설교나 지겨운 잔소리에서 해방되어 자기의 눈으로 생기발랄하게 읽을 수 있는 '나만의 논어'를 추구한다.

《논어》는 상징과 비유, 함축과 도약이 어우러지는 즐거운 세계이다. 생략의 공간을 찾고 여백의 미를 음미해야 보이는 마음의 언어가 춤을 춘다. 공감적 체험을 통해야 비로소 이해가 되는 통찰이 넘친다. 시적 상상력을 동원하여 마음의 눈으로 '그윽하게 째려보는' 맛을 만끽하길 바랄 뿐이다.

그래서 때로는 현대적 관점에서 재해석하기도 했다. 어떤 구절은 핵심어만을 뽑아 아포리즘적으로 제시하기도 했다. 연극 무대의 한 장면처럼 드라마틱한 요소가 있는 부분은 대화체로 재구성하기도 했다. 어떤 구절은 설명식으로 번역하기도 했다. 모든 번역은 의역일 수밖에 없다는 사실 앞에 절망하기도 하고 용기를 내기도 했다. 표음문자인 한글과 표의문자인 한문 사이에는 극복될 수 없는 본질적인 차이가 있음을 겸허히 인정하고 한문 원문을 병기했다.

· 4 ·

우리가 오늘 《논어》를 다시 읽는 이유를 조용히 생각한다.

공자의 눈으로 세상을 보고, 유교 경전의 귀로 듣고, 동양철학의 입으로 말하고자 함이 아니다.

《논어》'를' 배우기보다는 《논어》'에서' 배우기를 지향한다. 《논어》 그 자체 보다는 《논어》를 통해 삶의 지혜와 통찰을 배우고자 한다. 현대를 살아가는 마음 푸른 청년으로서 한 번쯤은 생각하고 고민해

봐야 할 주제를 《논어》의 거울에 비추어 다시 생각해 보자는 것이다. 《논어》를 실마리 삼아서 자기 머리로 사고하고 자기의 언어로 말할 수 있는 힘과 안목을 키워나가고자 함이다.

그대 자신의 눈 밝은 눈, 귀 밝은 귀를 스스로 밝혀 사람됨의 향기와 사람다운 삶의 길을 열어나가고자 함이다. 핵심은 자신의 생각이다. 《논어》는 그저 거들 뿐이다. 《논어》는 생각의 도구이고, 생각은 자기가 해야 한다. 《논어》는 지혜의 샘물이고, 물은 자신이 마셔야 한다.

우리 모두는 그 무엇으로도 대체할 수 없는 고유한 존재이다. 그 누군가가 대신할 수 없는 대체 불가능한 고귀한 자존이다. 스스로가 스스로를 만들어가는 자율적 주체로 거듭남이 있을 뿐이다. 그 길은 분명 그대를 기쁘게, 즐겁게, 자유롭게 꽃피우는 향기로운 길일 것이다.

· 5 ·

사람다운 길, 자기다운 길을 걸어가기 위해 우리가 열어야 할 열두 개의 길을 찾아보았다. 약도를 먼저 보자. 출발은 〈비전의 길〉이다. 비전은 존재의 이유이고, 존재의 가치이다. 사람됨의 사명이다. 그 사명은 분명 〈사랑의 길〉로 이어질 것이다. 사람됨의 씨앗인 사랑을 꽃피우는 향기로운 길을 걷는 것이다. 사랑의 향기는 〈자율의 길〉에서 인격으로 체현된다. 의롭고 조화로운 자율의 인격체로 거듭나는 길이다. 자율인은 〈호학의 길〉로 나아가야 사람다움의 지평을 넓힐 수 있다. 배워야 사람이고 사람이기 때문에 배워야 한다. 호학의 길은 곧 〈공부의 길〉과 짝을 이룬다. 호학은 평생 하는 공부이기 때문에 그 방법을 따로 익혀야 한다.

공부의 길을 따라 사람이 행복하게 사는 좋은 세상을 만들기 위한 〈평화의 길〉을 열어야 한다. 이는 곧 사람과 사람 사이를 알아야하기에 〈지인(知人)의 길〉로 나아간다. 그리고 사람은 곧 그의 말(言)이기에 말을 알아야 한다. 〈지언(知言)의 길〉이 안내할 것이다. 언어의 가장 고등한 세계가 시(詩)의 세계다. 〈시의 길〉을 걸으며 사랑의 진실을 재발견할 수 있을 것이다.

사람됨의 공부를 함께하는 벗을 찾아 즐거움을 나누는 길이 〈우정의 길〉이다. 우정은 공자학교에서 동고동락한 〈제자의 길〉을 통해 다시 만난다. 제자 중에서도 자공은 좀 더 깊이 사귀어야 할 의미심장한 제자이다. 〈성장의 길〉에서 사람됨에 이르는 과정을 재확인할 것이다.

열두 길은 청년의 눈으로 재구성한 《논어》의 스토리 라인이다. 열두 길이 한 길이다. 열두 갈래의 길이 아니다. 사람다움의 한길을 열어가는 과정 속에서 만나게 되는 열두 개의 아름다운 길이다. 한 방향으로 뻗어가는 일이관지의 길이다. 하지만 그 길은 그냥 지나가는 길이 아니다. 한 번 지나가면 그뿐인 통과의례의 길이 아니다. 열두 번째의 길이 다시 처음의 길로 이어지는 순환적인 코스다. 잃어버린 마음을 찾는 진실함으로 다시 처음으로 되돌아가는 영원회귀의 길이다.

세월 따라 나이 따라 걷고 또 걷다 보면 그 길은 한층 더 아름다운 나의 길이 될 것이다. 푸르게 푸르게 걸어가다 보면 시나브로 그대만의 새로운 길이 열릴 것이다. 더 성숙하게, 더 여유롭게 자신만의 길을 걸어가면서 사람다움, 자기다움의 지극한 경지를 완성해

갈 것이다.

그리하여 이 길은 마음이 푸르른 청년만이 걸을 수 있는 향기로운 길이 될 것이다. 그대 스스로 여는 뿌듯한 그 길을 기쁘게 즐겁게 자유롭게 걸어가는 것이 마음 푸른 청년 그대의 삶이 될 것이다.

청년의 마음으로 청년 공자의 호학 정신을 되새긴다. 마음 푸른 청년들과 함께 생각하고, 함께 즐기면서 21세기 청년 논어의 길을 열어가기를 소망한다.

2022년 겨울
선창재(善創齋)에서
백승수

차 례

제12장

성장의 길 _____

언덕에 올라 해와 달을 우러르다

제1장

비전의 길

기쁘게 즐겁게 자유롭게

01
논어의 비전

．
．
．

비전 선언문

『논어』1만 5천여 자를 한마디로 압축하면 '사람다움'이다. 20편 500여 장을 한 줄로 줄이면 '사람이 사는 좋은 세상을 열어 사람답게 살자'는 깨우침이다. 공자와 제자들이 사람이 사람답게 사는 길을 탐색하고 토론한 기록이 논어이다. 그 기록은 공자의 비전 선언으로 시작한다.

"배우고 때맞춰 익히니 그 어찌 기쁘지 않으랴!
벗이 먼 곳에서 찾아오니 그 어찌 즐겁지 않으랴!
남이 알아주지 않아도 화나지 않으니 그 어찌 군자답지 않으랴!"

子曰: "學而時習之, 不亦說乎. 有朋自遠方來, 不亦樂乎. 人不知而不慍, 不亦君子乎."
자왈: "학이시습지, 불역열호. 유붕자원방래, 불역낙호. 인부지이불온, 불역군자호."
〈학이〉

첫 장에 오롯이 담겨있는 논어의 비전은 기쁨(열, 說)과 즐거움

(락, 樂)과 군자(君子)로 구성된다. 세 요소를 하나의 의미망으로 연결하면 '열락군자(說樂君子)'가 된다. 기쁘게, 즐겁게, 자유롭게 좋은 삶을 살아가고자 하는 사람됨의 길이 바로 논어의 비전이고 공자의 비전이다.

기쁨과 즐거움은 논어 전체를 관통하는 핵심어이다. 열락군자는 기쁨과 즐거움이 녹아있는 자율적인 존재로 살고자 하는 인간 선언이다. 사람됨의 길을 배우고 익히는 과정에서 터득하는 기쁨을, 함께 길을 열어가는 벗들과 즐거움으로 승화시켜, 다른 사람들의 평가나 인정에 초연할 수 있는 자율적인 인격으로 살겠다는 주체 선언이다.

열락군자의 비전을 구성하는 첫째 요소는 기쁨이다. 삶은 기뻐야 하고, 기뻐야 삶이다. 공자는 평생을 기쁘게 살 수 있는 길은 배움에 있다고 배움을 강조한다. 사람이기에 배워야 하고, 배워야 사람이 된다고 한다. 사람이 되어감이니 어찌 기쁘지 않겠느냐고 역설한다.

논어의 기쁨은 학과 습으로 이루어지는 성장의 기쁨이다. 일상의 언어이자 교육의 언어인 '학습'의 출전이 논어이다. 학과 습은 단순히 학교 공부를 배우고 복습한다는 차원이 아니라, 사람됨의 길을 본받아 실천한다는 의미이다. 사람됨을 배우고 실천하는 과정 속에서 맛보는 기쁨은 터득의 희열이요 깨달음의 뿌듯함이다.

둘째 요소는 즐거움이다. 삶은 즐거워야 하고, 즐거워야 삶이다. 공자는 평생을 즐겁게 살 수 있는 길이 벗과 함께 함에 있다고 말한다. 사람이기에 함께해야 하고, 함께해야 사람이 된다고 한다. 벗과 함께 사람답게 살아가니 어찌 즐겁지 않겠느냐고 힘주어 강조한다.

논어의 즐거움은 벗과 나누는 지적 즐거움이다. 벗, 친구, 붕(朋)을 학연, 지연으로 얽혀 있는 '아는 친구' 정도로 파악하면 즐거움의 의미를 곡해한 것이다. 벗은 사람다움의 길을 함께 걷는 뜻 맞는 친구, 도우(道友)이다. 벗은 배움을 통한 성장을 함께 나눌 수 있는 동지적 존재이다. 공부의 희열을 사회적 즐거움으로 승화시킬수 있어야 벗이다.

셋째 요소는 자유이자 자율이다. 삶은 자유로워야 하고, 자유로워야 삶이다. 공자는 평생을 자유롭게 살 수 있는 길이 사람다움에 있다고 말한다. 사람이기에 스스로 자유로워야 하고, 스스로 자유로워야 사람이 된다고 한다. 스스로 사람답게 살아가니 어찌 군자답지 않겠느냐고 설파한다.

군자는 덕이 있는 인격자로서 사람다운 사람이다. 사람다움의 길은 스스로 걷는 자기다움의 길이다. 다른 사람들의 평가나 인정 여부에 갇힐 까닭이 없다. 남들이 알아준다고 흥분할 일도 아니고, 남들이 몰라준다고 열받을 일도 아니다. 호젓이 자기의 길을 묵묵히 걸어가면 자율적인 인격이 된다.

열락군자는 자기완성을 향해 끊임없이 성장하는 지속 가능하고 안정적인 기쁨을 전제한다. 더불어 괄목상대의 즐거움을 나눌 수 있는 선한 영향력을 담고 있다. 아울러 다른 사람들의 인정을 넘어서는 실존적인 자유를 추구한다.

'공부하는 삶의 기쁨을 지적 즐거움으로 나누며 자유롭게 살자'는 논어의 시작이 그윽하다. 기쁘게, 즐겁게, 자유롭게 좋은 삶을 살아가고자 하는 평범한 삶의 진리가 지극하다.

비전을 실현하는 세 가지 앎

열락군자의 비전은 논어의 마지막 장 〈요왈〉 편에서 세 가지 앎 (知)으로 구체화된다. 논어의 첫 장은 마지막 장과 짝하여 같이 읽어야 수미일관한 의미가 살아난다. 마지막 장에서 공자는 이렇게 말했다.

"명(命)을 알지 못하면 군자가 될 수 없고,
  예(禮)를 알지 못하면 당당히 설 수 없고,
  말(言)을 알지 못하면 사람을 알 수 없다."

子曰: "不知命, 無以爲君子也. 不知禮, 無以立也. 不知言, 無以知人也."
자왈: "부지명, 무이위군자야. 부지례, 무이립야. 부지언, 무이지인야." 〈요왈〉

열락군자가 사람들이 알아주지 않아도 화나지 않는 이유는 천명을 알기 때문이다. 천명을 알면 타인들의 평가나 인정에 호소하는 '인정투쟁'에서 자유로울 수 있다. 천명을 알지 못하면 스스로를 다스리는 자율적인 존재가 될 수 없다. 천명은 사람됨의 본분이다. 이 땅에 사람으로 태어난 섭리를 찾아 자기다움의 본분을 다하는 것이 명(命)이다. 그 명에 따라 매사에 성실한 것이 자율적인 존재의 삶이다.

하늘의 명을 사회적인 관계 속에서 구현하고자 하는 인간의 사회적 약속이 예(禮)다. 예는 인간의 사회적 관계를 형성하고 유지하는 기본 질서이자 규범이다. 예를 알지 못하면 사회적 관계에서 독립된 주체로 바로 설 수가 없는 것이다. 예를 알아야 사회적으로 자기의 위치를 형성하는 자립의 길이 열린다. 예는 배우고 익힌 기쁨을 사회적 즐거움으로 승화시키는 사회적 문법이기 때문에 예를 노르면 즐거움을 나누는 벗의 의미도 사라진다. 예를 통해야만 사회인으로 바르게 설 수 있는 것이다.

사회는 사람과 사람 사이의 관계로 형성되고 유지되는 사람들의 공동체이다. 사람을 알고 사람과 소통해야 사회적 존재로서의 삶을 영위할 수 있다. 사람을 알기 위해서는 그의 말을 알아야 하고 소통하기 위해서는 말을 알아야 한다. 말은 곧 그 사람이고, 사람은 곧 그의 말이다. 말은 사람을 사람이게 하는 본질이다. 사람은 말로 삶을 산다.

열락군자의 비전을 구현하기 위해서는 말을 알아야 하고, 예를 알아야 하며, 명을 알아야 하는 것이다. 그리하여 사람을 알아서 사회적 존재로 당당히 서, 사람다움의 본분을 다하면 성숙한 인격체인 자율적 존재가 될 수 있는 것이다.

세 가지 부지(不知)를 극복하기 위한 유일한 길은 배움이다. 오직 배움을 통해서만 앎을 얻을 수 있다. 마지막 장의 앎(지, 知)이 첫 장의 배움(학, 學)으로 이어지는 나선형적 순환을 통해 논어의 비전은 수미일관한 체계를 완성한다.

비전 실천의 체크리스트

비전은 액자 속의 장식이 아니다. 다른 사람들에게 보여주기 위한 표어나 구호가 아니다. 비전은 실현을 위한 가없는 노력이 전제되어야 비전이다. 실현을 위한 과정 그 자체가 곧 비전이 된다. 비전적인 삶 자체가 비전인 것이다.

공자의 학통적 계승자로 평가받는 제자인 증자는 성찰의 관점에서 비전적인 삶의 체크리스트를 제시하고 있다.

증자가 말했다.
"나는 날마다 세 가지 측면에서 나를 반성한다.
　사람들과 일을 하면서 진심을 다하지 못한 점은 없는가?
　친구들과 사귀면서 신의를 지키지 못한 일은 없는가?
　전수받은 것을 제대로 익히지 못한 것은 없는가?"

曾子曰: "吾日三省吾身: 爲人謀而不忠乎? 與朋友交而不信乎? 傳不習乎?"
증자왈: "오일삼성오신: 위인모이불충호? 여붕우교이불신호? 전불습호?" 〈학이〉

성찰은 인간만이 할 수 있는 가장 고등한 자기 평가이다. 사람다움으로 한 걸음 더 나아가기 위한 고귀한 실천이 성찰이다. 소크라테스는 '성찰하지 않는 삶은 살 가치가 없다'고 역설했다. 성찰은 기본적으로 잘못한 점이 없는지를 체크하는 자기 점검이며, 실천하지 못한 부분은 없는지를 반성하는 자기 검열이다.

증자는 불충(不忠) – 불신(不信) – 불습(不習)의 성찰 사이클을 통해 날마다 스스로를 되돌아보았다. 이는 곧 첫 장에서 열락군자의 비전을 풀어서 점검하는 것이며, 마지막 장의 세 가지 앎을 실천하는 길이다.

불충(不忠)은 진심을 다하지 못한 점이 없는지를 반성하는 것이다. 남들이 알아주지 않아도 화나지 않으려면 먼저 스스로 진심을 다해야 한다. 스스로에게 진실하고 떳떳해야 남으로부터도 자유롭다. 참되고 진실되지 않으면 사람다운 자율적 존재에 이를 수 없다.

불신(不信)은 신의를 지키지 못한 일이 없는지를 반성하는 것이다. 신의의 사회적 약속이 예다. 친구들과의 사귐은 물론 모든 사회적 관계는 신의가 없으면 유지될 수 없다. 믿음이 있어야 멀리서부터 벗이 찾아오는 즐거움을 나눌 수 있다.

불습(不習)은 제대로 익히지 못한 것은 없는지를 반성하는 것이다. 배운 것은 실천되어야 배움이 된다. 배움은 익힘이 있어야 기쁨으로 승화된다. 단순히 머리로만 복습하는 것이 아니라 일상 속에서 온몸으로 익히고 실천해야 배움이 성숙이 된다.

논어의 비전 열락군자는 천명을 아는 지명, 예를 아는 지례, 말과 사람을 아는 지언과 지인으로 구체화되고, 충-신-습의 성찰 사이클을 통해 진정성을 확보하였다.

사람만이 기쁨을 추구하고 즐거움을 나누며 자유로운 삶을 가꾸어 간다. 사람됨의 보편적인 가치를 추구하는 중심축이 배움이다. 사람은 배움이고, 배움은 앎이고, 앎이 삶이니 어찌 한순간이라도 배움을 멈출 수가 있겠는가. 어찌 알지 못하고 사람일 수 있겠는가.

공자는 배움으로 한평생을 살았다.

02
배움으로 열어간 비전 일생

:

38자 자서전

논어의 비전, 열락군자는 자기다움을 추구하는 존재의 주체 선언
이다. 그 주체는 바로 그대 자신이다. 누구라도 열락군자가 될 수
있다는 낙관적 전망을 설파한 것이 논어이다. 누구라도 열락군자가
되어야 한다는 당위적 사명을 역설한 것이 논어이다. 혈통이 세습
되는 신분제적 질곡 속에서 시대적 한계를 초월하고자 몸부림친,
가히 혁명적인 선언이다.

공자는 73세를 일기로 생을 마감하기 전에 열락군자의 삶을 살
아온 일생을 이렇게 술회했다.

"나는
열다섯에 배움에 뜻을 두었고,
서른에는 떳떳하게 섰으며,
마흔에는 미혹되지 않았고,

쉰에는 하늘의 명을 알았고,

예순에는 귀가 순해졌으며,

일흔에는 마음이 가는 대로 따라도 법도에 어긋나지 않았다."

子曰: "吾十有五而志于學, 三十而立, 四十而不惑, 五十而知天命, 六十而耳順, 七十而從心所欲不踰矩."

자왈: "오십유오이지우학, 삼십이립, 사십이불혹, 오십이지천명, 육십이이순, 칠십이종심소욕불유구." 〈위정〉

공자가 스스로 정리한 자서전이다. 단 38자로 일생을 고스란히 담았다. 하지만 언제 무슨 일을 하고, 어떤 지위를 누렸는지는 언급이 없다. 14년간 망명적인 유랑객으로 주유천하하면서 당했던 어려움과 수모도 없다. 단지 무엇을 추구하며, 어떤 경지에 올랐는지를 밝히고 있다. 청년기에는 호학 정신으로 학문에 정진했다. 4, 50대 중년기에는 천명 정신으로 좋은 세상 만들기에 나섰다. 말년기에는 자율 정신으로 산처럼 물처럼 순리대로 살았다. 수양과 공부의 일생이다. 평생 동안 열락군자의 비전의 길을 걸어갔다.

우리가 '15세 지학, 30세 이립, 40세 불혹, 50세 지천명, 60세 이순, 70세 종심'하고 일컫는 나이의 출처가 바로 공자의 일생이다. 나이란 책임의 무게이다. 자기 삶에 대한 책임의 등급이다. 깊어지고 넓어지는 삶의 지평이다. 공자의 나이별 인생 정리는 우리가 언제, 어떻게 자기에 대하여 책임을 져야 하는지를 밝히는 이정표 역할을 한다.

특히 15세의 지우학은 의미가 심장하다. 뜻이 먼저다. 뜻 지(志)는 선비 사(士)에 마음 심(心)이 하나로 형성된 '선비의 마음가짐'이다. 선비의 마음가짐은 일회성의 순간적인 마음이 아니다. 인생을 걸고 평생을 바쳐 추구하는 마음이 뜻이다.

무엇보다도 먼저 해야 할 일은 뜻을 세우는 것이다. 뜻은 삶의 방향성이다. 뜻이 있어야 길이 생긴다. 곧고 단단한 뜻이 있어야 멀리 가고 오래 간다.

그 뜻을 배움에 두었다는 첫 단추가 오늘날의 공자를 만들었다. 지우학은 사회적 존재로 당당히 설 수 있는 길은 오직 배움 밖에 없다는 자각이다. 배워서 사람다운 사람이 되겠다는 소박하지만 위대한 뜻이 담겨 있다.

15년간의 배움의 길에서 이룩한 성취는 30대에 당당하게 바로 서게 만들었다. '1만 시간의 법칙'에 의하면 어떤 분야에서 전문가로 인정받기 위해서는 적어도 1만 시간이 필요하다고 한다. 하루 3시간씩 10년간을 노력해야 '1만 시간의 노력'이 된다. 공자가 15세에 본격적으로 예를 익히기 시작했다면 서른이면 예 전문가로 우뚝설 수 있는 기간이다. 실제로 공자는 젊어서부터 예 전문가로 사회적 평판을 얻었다.

허망한 것에 흔들리지 않는 불혹(不惑)에 이르려면 배움의 길에 더욱 매진해야 한다. 개인적으로나 사회적으로나 책임질 일이 많아지는 40대는 오히려 수많은 혹(惑)에 휩쓸리기 쉬운 시기이다. 배움이 깊어지고 넓어져야 온갖 흔들림을 넘어설 수 있다. 자기의 주체적 판단과 객관적 근거에 의거하여 세상을 보는 지성인으로서의 안목이 있으니 미혹됨이 없는 것이다.

불혹은 하늘의 명을 아는 지천명으로 이어진다. 『중용』에서 천명지위성(天命之謂性)이라 했듯이 천명은 성(性)을 말한다. 사람이 본래부터 타고난 본성에 따라 사람됨의 본분을 다하는 것이 천명이다.

개인적으로 자아를 완성하고 사회적으로 예가 구현되도록 하는 것이다. 공자는 50대 초반에 노나라에서 건설과 법률을 담당하는 책임자로 국정을 수행하기도 하였다.

귀가 순해졌다는 이순(耳順)에 대하여 주자는 '귀로 들으면 그대로 이해되는 것'으로 해석하고, '앎이 지극하여 생각하지 않아도 아는 것이다'라고 덧붙였다. 이순은 자연의 섭리에 귀의하는 순리의 경지라 하겠다. '상갓집 개'의 조롱을 받으면서도 주유열국의 간난신고를 극복할 수 있었던 배경에는 이순의 지평이 깔려있다.

마음이 가는 대로 따라도 법도에 어긋나지 않았다는 종심(從心)은 학문적으로나 인격적으로나 달관의 경지이자 완전한 자유의 경지이다. 『대학』 3강령의 최고봉인 지극한 선에 이르러 머물러 있는 지어지선(止於至善)의 경지라 할 수 있다.

공자가 술회한 연령대별 자화상은 학문 연마와 인격 수양이 깊어지고 넓어지는 과정을 압축한 지향이다. 반드시 나이와 함수적으로 매칭시킬 일이 아니다. 나이보다는 스스로 열어간 배움의 새로운 경지를 보아야 한다. 성장과 성숙과 달관의 지평을 공유하는 것이 요체다.

배움의 경지를 여는 기준

공자의 세계는 배움과 삶이 일치된 세계이다. 배움 속에 삶이 있고 일상에서 배운다. 학문적인 삶의 지향을 목록으로 구체화하면 이렇다.

"도(道)에 뜻을 두고,

　덕(德)에 근거하며,

　인(仁)에 의지하며,

　예(藝)에 노닐리라."

子曰: "志於道, 據於德, 依於仁, 游於藝."
자왈: "지어도, 거어덕, 의어인, 유어예."〈술이〉

비전적인 삶을 살아가는 좌우명이자 교육적 기준으로 네 가지를 제시한 것이다.

첫째 사람으로서 마땅히 행해야 할 도리이자 보편적인 진리를 지향한다. 지학(志學)과 동일한 맥락에서 지도(志道)를 말한다. 역시 뜻이 먼저다. 뜻을 세우는 것보다 먼저 해야 할 것은 없다. 보편적인 진리인 도(道)에 뜻을 두지 않는 배움은 진실한 배움이 아닐 것이다.

둘째 사람됨의 덕을 닦아 내면의 바른 가치로 굳게 지킨다. 거덕(據德)은 덕을 쌓고 내면화함으로써 덕을 확고하게 잡아서 지킨다는 것이다.

셋째 사람다움에서 한시도 떠나지 않는다. 의인(依仁)은 사람다움의 인(仁)에 기대고 의지함을 이른다. 즉 어느 순간에라도 인을 어기지 않는 것이다.

넷째 사람됨의 기본 소양을 익혀 예(藝)의 경지에 이른다. 유예(游藝)는 6예를 충분히 배우고 익혀 자유롭게 활용하는 수준에 이름을 말한다. 6예는 예(禮)·악(樂)·사(射)·어(御)·서(書)·수(數)를 말한다.

배운 사람의 기본 소양인 6예는 고대 그리스에서 발원한 자유교육의 7자유학예와 비견된다. 7자유학예는 문법, 수사학, 논리학의 3

학과 산술, 기하학, 천문학, 음악의 4과를 말한다. 음악, 수학 등 사람됨의 기본 소양은 동서고금의 보편적 가치를 지향한다. 오늘날 교양교육의 발원이 6예와 7자유학예이다.

도·덕·인·예의 배움은 끝이 없는 삶의 과정이다. 평생을 걸어가는 끊임없는 수양의 길이다. 삶 자체가 곧 배움이기에 '죽어서야 끝이 나는' 숙명의 길이다. '누구라도 배우면 성인이 될 수 있다'는 그 무게 앞에 때로는 흔들리고 좌절하기도 했으리라.

스스로를 경계함

배움은 뜻을 실천하는 의지적인 노력이다. 마음의 작용인 의지는 변하기 쉽기 때문에 항상 성찰하고 경계하면서 다잡아야 한다. 공자도 스스로를 경계하여 조심하는 자경(自警)을 통해 배움의 길을 걸어갔다.

"덕(德)이 잘 닦이지 않는 것,
　학문을 잘 강습하지 못하는 것,
　의(義)를 듣고도 잘 실천하지 못하는 것,
　선하지 못한 점을 알고도 고치지 못하는 것,
　이것이 나의 걱정거리이다."

子曰: "德之不修, 學之不講, 聞義不能徙, 不善不能改, 是吾憂也."
자왈: "덕지불수, 학지불강, 문의불능사, 불선불능개, 시오우야." 〈술이〉

걱정이 사람을 만든다. 무엇을 걱정하는가는 곧 그의 사람됨을 대변한다. 배움에 뜻을 두면 배움을 걱정한다.

먼저 공자의 걱정의 대상은 내면적 덕성과 사회적 가치의 핵심인 덕(德), 학(學), 의(義), 선(善)이다. 걱정의 내용은 그 실천인 수(修), 강(講), 사(徙), 개(改)이다. 실질적인 걱정거리는 실천이다. 닦음과 강습과 옮김과 고침이 스스로 만족할 만한 수준으로 실천되지 못함을 고민한 것이다. 공자의 걱정이 곧 '우환의식'의 본령이다.

사람다운 삶이 지향하는 수기치인의 길은 내면적으로는 덕성을 닦는 것이고 외면적으로는 사회적 가치를 실천하는 길이다. 실천의 길은 매일매일 행하는 것이고 평생을 지속하는 것이기에 걱정이 없을 수 없다.

걱정은 반성과 각오가 통일될 때 동력으로 전환된다. 나날이 새로워지는 일신 우일신의 출발이다. 스스로를 성찰하는 자경으로서의 걱정은 완성을 향한 애씀이다.

죽어도 좋아

배움을 통해 도달하고자 하는 궁극적 지향점을 어디에 둘 것인가는 배움의 성격과 태도를 규정하는 중요한 의미를 가진다. 배움의 시작인 목적과 동기는 배움의 종착지에서 재확인되는 것이다. 시작과 끝이 일관해야 온전한 배움이다. 그래서 배움은 평생을 한 길로 살아야 하는 삶이다.

공자가 추구한 배움은 도(道)를 추구하고 도에 이르고자 하는 배움이다. 도를 향한 배움의 길을 이렇게 말했다.

"아침에 도(道)를 들으면 저녁에 죽어도 좋으리라."

子曰: "朝聞道, 夕死可矣."
자왈: "조문도, 석사가의." 〈이인〉

뜻하는 바가 이루어져 여한이 없을 때 우리는 '죽어도 좋다', '죽어도 괜찮다'고 한다. 공자는 도를 들으면 죽어도 여한이 없으리라고 하였다.

여기서 도의 성격에 대하여 두 가지 해석이 있다. 하나는 사회적인 도이다. 도가 이루어지는 세상을 말한다. 다른 하나는 개인적인 도이다. 스스로 깨달은 진리를 말한다.

이러한 관점의 차이는 바로 '들을 문(聞)', 한 글자에서 비롯되었다. 들음에는 두 가지가 있다. 하나는 외부로부터의 소리를 듣는 것이고, 다른 하나는 내부로부터의 소리를 듣는 것이다.

외부로부터 듣는 소리는 일반적인 소식의 의미이다. 그 들음은 공자가 추구하고 꿈꾸던 '사람됨의 도리를 다하며 사람답게 사는 평화로운 세상이 밝았다'는 소식을 밖으로부터 듣는 것이다.

내부로부터 듣는 소리는 깨달음의 소식이다. 수양이 깊어지고 학문이 지극해지면서 세상의 이치를 깨닫고 삶의 진리에 이르게 되었다는 것이다.

공자는 무엇을 듣고자 하였는가. 외부로부터의 소식인가, 아니면 내부로부터의 깨달음인가. 해석은 갈린다. 주자 이전에는 전자가 대세였으나 주자 이후는 후자의 입장이 다수이다. 후자를 주장한 주자의 영향이 크다.

하지만 다시 한 번 생각해 봐야 한다. 소식과 깨달음을 양자택일적으로 주장할 이유는 별로 없다. 공자가 추구한 삶은 나와 세상이 함께 더 좋아지는 길이다. 자기를 닦고 사람을 편안하게 한다는 수기안인의 근본 원리를 상기한다면 도의 두 가지 해석은 서로 상반된 것이 아니라 상관적인 통일체이다.

개인적인 깨달음은 사회적 규범과 질서에 의해 의미를 확충하고, 사회적 질서는 개인적인 자각과 통찰에 의해 근거를 확보한다. 도의 실현은 진리의 깨달음과 동시에 사람답게 사는 좋은 사회적 관계 속에서 꽃피우는 문명의 꽃이다.

우리는 언제 '죽어도 좋다'라고 말할 수 있을까?

03
마음 푸른 청년의 비전

비전의 이해

우리는 『논어』에서 사람다움의 인(仁)을 배우고, 사회의 기본적인 질서와 규범인 예(禮)를 배운다. 무엇보다도 사람답게 사는 비전적인 삶을 배운다.

비전은 존재의 이유이다. 존재가 마땅히 실현해야 할 사명이고 미션이다. 비전은 자기 자신의 본분에 대한 자각을 바탕으로 자신의 미래를 통찰하면서, 가고자 하는 방향성을 설정하여, 어느 순간이라도 그 뜻에서 벗어남이 없이, 스스로를 만들어가는 성숙한 자아실현의 길이다.

비전은 성취 결과나 특정 상태가 아니라 비전을 추구하는 과정의 즐거움이다. 비전을 추구하는 과정 자체가 비전인 것이다. 비전은 자기가 자신에게 스스로 가치를 부여하는 고귀한 자존이다. 개인이든 기관이든 비전이 있어야 존재의 가치를 실현할 수 있다.

하지만 비전의 중요성을 익히 알고 비전의 필요성을 절감하고는 있지만, 막상 비전을 수립하는 것은 쉽지 않다. 비전에 대한 이해와 자기 자신에 대한 앎으로부터 시작하자.

우선 『논어』에서 추구하는 열락군자의 비전적인 길을 음미하면서 비전의 의미를 충분히 파악하는 것이 필요하다.

그리고 우리 주변에서 쉽게 접할 수 있는 '비전 명문(名文)'들을 찾아서 읽어보는 것이 비전 수립에 도움이 된다. 시, 소설, 자서전, 연설, 영화 등 다양한 매체에서 비전의 길을 발견할 수 있을 것이다. 사람이 살아간다는 것은 곧 비전적인 가치를 추구하면서 산다는 것이기 때문이다.

비전 명문(名文)

먼저 우리가 가장 사랑하는 '국민 애송시' 〈서시〉를 읽어보자. 윤동주 시인의 간절하면서도 뚜렷한 비전을 만날 수 있다.

죽는 날까지 하늘을 우러러
한 점 부끄럼이 없기를,
잎새에 이는 바람에도
나는 괴로워했다.
별을 노래하는 마음으로
모든 죽어가는 것을 사랑해야지
그리고 나한테 주어진 길을
걸어가야겠다.

오늘 밤에도 별이 바람에 스치운다.

'죽는 날까지 걸어가고자 하는 길'이 바로 비전이다. '하늘을 우러러 한 점 부끄럼이 없는' 것이 비전이다. '별을 노래하는 마음으로, 모든 죽어가는 것들을 사랑해야지'가 비전이다. '나한테 주어진 길을, 걸어가야겠다'가 비전이다.

〈서시〉에는 『논어』 한 권이 오롯이 녹아 있다. 하늘의 뜻과 사람됨의 본분과 사람답게 사는 삶이 〈서시〉이고 곧 『논어』의 가르침이다. 공감하고 사랑하는 실천성과 성실하고 성찰하는 진정성이 곧 열락군자의 길이다. 매일 〈서시〉를 암송하면 매일 논어를 읽는 것과 다름없다.

또한 백범 김구 선생은 〈나의 소원〉에서 한 인간의 비전을 넘어 우리 민족의 비전을 제시한다. "나의 소원은 우리나라 대한의 완전한 자주독립이오"는 비전이다. "나는 우리나라가 세계에서 가장 아름다운 나라가 되기를 원한다"는 비전이다. 〈나의 소원〉은 읽고 또 읽어도 가슴이 뜨거워지는 비전 명문이다.

마틴 루터 킹 목사는 〈I have a dream〉이란 명연설을 통해 인종 차별 없는 평등 세상의 비전을 선명하게 설파했다. 한 개인의 비전을 초월하여 인종 평등의 비전을 천명했다.

비전을 담은 명문들에서 발견하는 공통점이 있다.

첫째는 자율적인 주체성이다. 자기가 비전을 수립하는 주체이며, 자신이 비전을 실현하는 주체임을 명료하게 선언한다. 대부분의 문장에서 주어가 나이다. 비전은 자신의 소명과 열정을 바탕으로 한 자율적인 삶을 지향한다.

둘째는 미래 지향성이다. 비전의 본래적 의미는 앞을 보며 장래를 전망한다는 뜻이다. 저 높은 곳에서 자기의 길을 밝히는 삶의 등대가 비전이다. 등대는 인생 전체를 관통하면서 비전 추구의 지속성과 끈기를 생성한다.

셋째는 구체적인 명료성이다. 무엇을 할 것인지가 명확하게 제시된다. 비전은 분명해야 삶의 동력이 된다. 애매모호하고 추상적인 미사여구는 헛된 장식에 불과하다.

넷째는 가치지향성이다. 비전은 '어떤 직업을 갖고 싶은지'가 아니라 '어떤 사람이 되고 싶은지'에 대한 나침반이다. 비전 명문들은 구체적인 직업에 대한 언급이 없다. 어떤 이익을 추구할 것인가 아니라 어떤 가치를 창출할 것인가가 비전이다.

그대는 가슴 뛰는 비전을 품었는가

존재는 비전을 꿈꾼다. 가치를 추구하고 의미를 찾는 존재는 비전을 꿈꾼다. 비전을 추구하는 삶 자체가 비전이다. 그대는 비전을 추구하는 삶을 살고 있는가.

정호승 시인은 〈고래를 위하여〉라는 시에서 이렇게 '마음속 고래'를 노래했다.

마음속에 푸른 바다의
고래 한 마리 키우지 않으면
청년이 아니지

가슴 뛰는 비전을 품은 그대를 위하여 작은 팁을 전한다.
첫째 인생의 리셋 버튼을 누르자. 지금까지 관행적으로 해오던 모든 것들에 대해 진정성 있게 성찰하자. 버리고 싶은 인습에 대하여 과감하게 절연하자. 새로 시작하기 위하여 시스템 자체를 포맷하자. 바로 지금이 새 생명의 탄생이다.

둘째 상상력의 자유를 제한하지 말자. 상상의 날개를 꺾는 것은 죄악이다. 가능성을 따지지 말고, 성공을 간보지 말자. 가장 이상적인 내 꿈에 대해 자유롭게 꿈꾸고 마음껏 상상하자. 비전은 결과적 가능성의 탐색이 아니라 과정적 추구의 광장이다.

셋째 스스로에게 끊임없이 질문하자. 내가 좋아하는 것, 내 가슴을 뛰게 하는 것들에 대해 솔직하게 물어보자. 자유롭게 상상한 그 무엇이 진정 자기 자신의 꿈인지에 대하여 물어야 한다. 세상에 영합하고 주변의 눈치에 짓눌린 가짜 꿈이 아닌지에 대하여 의심해야 한다. 비전은 진정성이다. 비전의 주체는 나 자신이다. 비전의 동력은 나의 열정이고 끈기이다.

넷째 방향을 잡자. 삶은 속력이 아니라 방향이다. 어디로 갈 것인지 방향을 잡자. 방향이 먼저이고 방향이 전부다. 비전은 곧 방향성이다. 자기 삶의 북극성을 바라보며 걷는 것이다.

다섯째 미래의 생생한 모습을 그려보자. 그리움이 사무쳐야 비전이 된다. 마음속에서 생생하게 그려지지 않는 비전은 환상이다. 눈앞에 선연하게 떠오르지 않는 비전은 허구다. 비전이 이루어지는 그 날을 그리고 또 그리면 현실이 된다. 그날이 오면, 그날이 오면…

제2장

사랑의 길

마음의 씨앗 사랑의 향기

01
사람됨의 뜻

.
.
.

인(仁)의 개념적 성격

『논어』에서 추구하는 핵심 가치인 인(仁)은 개념화하기가 매우 난감한 개념어이다. 개념어는 정의를 명확히 규정함으로써 의미를 획득한다. 하지만, 공자는 논리적인 정의의 방식으로 '인'을 설명하지 않았다. 단지 상황과 대상에 따라, 그때그때마다 적합한 내용으로 바꾸어가며 이야기하는 방식으로 '인'을 설명했다. 상황적 시의 적절성을 최적화한 시중(時中)의 방식인 것이다. 시중의 원리는 상황에 따른 임기응변마저도 용인할 수 있는 유연성을 갖기 때문에 개념적으로 정의하기가 매우 어려운 성질이다.

그렇다면 왜 공자는 시중의 방식으로 인을 설명했는가에 대한 검토가 필요하다. 동양적 사유 자체가 논리실증적인 형식적 정의에 친숙한 사유 체계가 아니기는 하지만 '인' 자체가 갖고 있는 성격에서 기인한 것으로 보인다.

인은 형이상학적인 관념의 창조물이 아니다. 인은 태생적으로 실천적인 개념이다. 인은 본래 사람과 사람이 서로 대하는 것을 뜻했다. 인은 '알기'라기보다는 '하기'인 것이다. 인은 머리로, 지식으로 '아는 것'이 아니라, 일상에서 몸으로, 마음으로 '하는 것'이다.

인은 성취하고 달성해야 할 목표라기보다는 실천하고 지속해야 할 자세이고 태도이다. 획득하는 결과가 아니라 추구하는 과정인 것이다. 인은 남이 가르쳐주는 것이 아니라 스스로가 체득하는 것이다.

인은 '행함'의 다양한 맥락 속에서만 의미를 가질 수 있는 과정적이고 실천적 개념인 것이다. 인은 '개념화하기 어려운 개념어'의 성격을 갖고 있다.

더 엄밀하게 말하면 개념화가 어려운 것이 아니라 개념화의 대상이 아닌 개념어인 것이다. '개념화를 넘어선 개념어'는 노자가 말한 '이름을 이름으로 규정하면 참된 이름이 아니다'라는 명가명 비상명(名可名 非常名)과 상통한다.

개념적 정리의 필요성

그럼에도 불구하고 우리는 왜 굳이 인을 정의하고 규정하려고 애쓰는가에 대하여 생각해봐야 한다.

우선 현실적으로 다양한 상황적 질문에 답을 줄 수 있는 스승이 부재하기 때문이다. '인이란 무엇인가?', '인을 어떻게 실천하는가?' 등 제자들의 거듭된 질문에 공자는 지혜의 답을 내렸다. 하지만 지금은 없다. 우리를 대신하여 인에 대하여 물어 줄 제자도 없고, 답을 찾아줄 공자도 없다. 다만 논어가 있을 뿐이다.

오늘날 우리는 스스로 질문을 제기하고, 스스로 답을 찾을 수밖에 없는 것이다. 공자학단의 제자와 스승의 역할을 대신해 줄 실천적인 개념적 정리가 필요한 까닭이다.

또한 아무리 인이 실천적 개념이라고 하더라도 학문적으로 정의되어야 보편적 가치로서 객관적 실체를 획득할 수 있다. 실제로 춘추전국시대 이래로 인을 개념적으로 정의하려는 다양한 노력이 있었다.

사람과 사람됨

맹자는 인을 '사람의 마음'이라고 규정했다. 사람이 가져야 할 마땅한 마음이 인이다. 사람을 사람이 되게 하는 마음이 인이다. 사람을 사람답게하는 핵심 가치가 인이다.

사람은 되어감(becoming)의 존재다. 사람만이 되어가는 존재다. 자연 세계의 뭇 생명은 되어감을 요청하지 않는다. 생겨남 그 자체로 그냥 존재한다. 사람은 사람이 되어야 사람인 숙명적 존재이다. 사람되어감은 하늘의 뜻이자 하늘의 명인 천명(天命)이다. 사람이니까 가능한 천부적이며 고유한 능력이다.

사람은 삶을 통해 자기를 형성하면서 사람이 되어간다. 삶은 사람이 되어가는 과정이다. 사람은 스스로를 마주보며 스스로를 만들어 간다. 사람만이 스스로를 마주 볼 수 있는 존재이며, 사람만이 스스로를 만들어갈 수 있는 생명이다. 곧 사람됨은 하늘로부터 부여받은 대체불능의 고유한 능력인 것이다.

사람됨은 자기 스스로를 만드는 삶의 과정이다. 삶이 한평생 전체를 말하듯, 사람됨 역시 생애 전체에 걸쳐 이루어질 수밖에 없다.

사람은 죽을 때까지 사람됨의 길을 걸어가야 하는 과정적 존재이다.

그 속에서 인의 보편적 가치가 존재한다. 사람됨은 인을 통해서 이룩하는 것이기 때문이다. 인이 내면적으로 체화되어 자기 자신과 하나가 되는 것이 사람됨인 까닭이다. 인의 가치를 구현하면서 '더 나은 삶, 더 좋은 삶, 더 바람직한 삶'을 사는 사람다운 사람이 '되어감'이 '사람됨'이다.

인은 다양한 인간관계속에서 울고 웃는 삶의 일상 속에서 순간순간 느껴지는 사람됨의 향기이고, 문득문득 확인하게 되는 사람됨의 길이다.

사람됨의 담론에서 제기되는 세 가지 큰 물음에 대한 논어의 혜안을 일단 이렇게 정리할 수 있다.

왜 사람이 되어야 하는가? 천명이다.

어떻게 사람이 되는가? 삶이다.

무엇으로 사람이 되는가? 인이다.

『논어』는 20편 전체에 걸쳐 이 세 가지 물음을 성찰적으로 던지고, 통찰적으로 답한다.

02
마음의 씨앗

．
．
．

사람다움

사람을 人(인)이라 하고, 사람다움을 仁(인)이라 한다. 인(仁)은 인(人)에서 비롯되었다. 중국어에서도 둘의 발음이 같고, 한국어에서도 둘의 발음이 같다. 인(人)이 곧 인(仁)인 것이다. 사람(人)은 곧 사람됨(仁)이어야 한다는 것이다.

세상과 자연에 대한 인식이 발달하면서 사람은 사람 그 자체에 대한 지각도 발달시켰다. 자신을 대상화하여 볼 수 있는 인간 고유의 능력을 계발시켰다. 자신을 마주볼 수 있는 능력을 발견했다. 자신에 대해 판단하는 메타인지 능력을 발달시켰다.

사람의 공동체인 사회의 인간적 관계가 분화되고 복잡화될수록 사람 그 자체에 대한 성찰도 깊어졌다. 사람들은 깨달았다. '사람이면 다 같은 사람이 아니다.', '사람이 사람다워야 사람이다.'라는 자각은 새로운 개념을 요청했다. '사람다운 사람', 이를 칭하는 개념으로 '인(仁)'을 발명했다.

사람의 천부적인 고유성에 '답다', '다움'이라는 실천적 개념을 추가함으로써 사람됨의 정체성을 규정하고, 사람됨의 방향성을 제시하였으며, 사람됨의 가치를 보편화 시켰다.

또한 인(仁)의 뜻에는 씨앗이라는 의미가 있다. 복숭아씨를 도인(桃仁)이라 하고, 살구씨를 행인(杏仁)이라 한다. 씨앗은 생명의 원천이고 존재의 근원이다. 행인이 없으면 살구도 없고, 도인이 없으면 복숭아도 없다. 여기에 착안하면 사람됨의 원천은 인인(人仁)이 된다. 줄이면 인(仁)이 된다.

인인(人仁)이 없으면 인(人)도 없다. 인은 사람이면 누구나 갖고 있는 사람됨의 씨앗이다. 모든 사람이 태어날 때부터 가지고 있는 고유한 능력이 인이다. 사람됨의 씨앗으로서의 인은 인의 일반성과 가능성을 말해준다.

한편 인의 반대말은 불인(不仁)이다. 마비, 무감각의 상태를 뜻한다. 인하지 못한 사람, 불인자는 인간성이 마비된 존재이다.

아울러 인은 관계성과 사회성의 성격을 갖는다. '仁'이라는 글자는 '人'과 '二'의 관계적 결합을 전제한다. 사회적 존재인 사람은 사람과 사람 사이의 관계를 통해 사람됨을 실현한다. 인간관계 속에서 자기를 형성하며 사회적 삶을 영위한다. 관계성은 존중과 배려이다. 서로 아끼는 마음이 있어야 관계가 유지된다. 인은 사람과 사람이 조화롭고 평화롭게 살아가기 위한 인간의 사회적 DNA이다. 사람과 사람 사이의 사람다운 관계의 원천이 인이다.

사랑의 마음

사람이 사람다울 수 있는 가장 원초적인 마음이 사랑이다. 사람은 사랑이다. 사랑하니까 사람이다. 사람이니까 사랑한다. 사람을 사랑하는 마음이 곧 인이다.

제자 번지가 인에 대하여 묻자, 공자는 이렇게 대답했다.

인(仁)이란 "사람을 아끼는 것이다."

樊遲問仁, 子曰: "愛人."
번지문인, 자왈: "애인." 〈안연〉

'애인(愛人)'은 인(仁)의 가장 일반적이고 보편적인 정의이다. '애 (愛)'는 춘추시대 당시에는 '아낀다'는 의미로 통용되었다. 아낀다는 의미는 곧 사랑의 의미이지만, 사랑보다 구체적이고 실천적인 측면이 강하다.

공자는 인은 '사람을 아끼는 것이다'라고 규정했다. 사람을 아끼는 마음에서 인은 출발한다. 사람을 소중히 여기고 사람을 배려하는 실천이 인이다.

주자는 인을 '애지리(愛之理)이요, 심지덕(心之德)'으로 정의했다. '사랑의 이치이자 마음의 덕'을 인이라고 하였다. 사람을 아끼는 애인(愛人)의 실천성보다는 이치와 마음을 강조함으로써 관념적이며 주지적으로 변용되었다.

충서의 마음

사람을 아끼고 사랑하는 인을 이해하기 위해서는 충(忠)과 서(恕)에 대한 이해가 필수적이다. 공자와 증자 간의 대화에서 충서의 단서를 만날 수 있다.

공자: 증삼아, 나의 도는 하나의 이치로 관통한다.

증자: 예!

공자가 나가고, 문인이 물었다.: 무슨 말씀입니까?

증자: 선생님의 도는 충서(忠恕)일 따름입니다.

子曰: "參乎! 吾道一以貫之." 曾子曰: "唯!" 子出, 門人問曰: "何謂也?" 曾子曰: "夫子之道, 忠恕而已矣."

자왈: "삼호! 오도일이관지." 증자왈: "유!" 자출, 문인문왈: "하위야?" 증자왈: "부자지도, 충서이이의." 〈이인〉

공자가 하나의 이치로 꿰뚫는다고 한 일이관지(一以貫之)의 도(道)는 곧 인이다. 증자는 그 가르침을 충서(忠恕)라고 단호하게 규정했다. 충서는 하나이자 둘이고, 둘이자 하나이다. 충과 서는 서로를 받치면서 충서를 완성한다.

충(忠)은 가운데 중(中)과 마음 심(心)이 하나로 엮어진 '한가운데 마음'이다. 진실되고 순정한 마음을 의미한다. 충은 자기 마음의 중심성과 진실성을 말한다. 진실한 마음으로 최선을 다해 사회적 자아를 확립한다는 의미이다.

주자는 '자기를 다하는 것', 즉 진기(盡己)를 충으로 정의했다. '진(盡)'은 진인사대천명(盡人事待天命)의 진이다. 마음의 중심을 잡아서 미진(未盡)한 부분이 없도록 자기 자신에게 최선을 다하는 것이 충이다.

서(恕)는 같을 여(如)와 마음(心)이 하나로 엮어진 '같은 마음'이다. 내 마음이 네 마음이고, 네 마음이 내 마음이 되는 경지이다. 서는 배려심과 공감성을 바탕으로 한 더불어 살기의 핵심 가치이다.

주자는 '나를 헤아려 남에게 미침', 즉 추기급인(推己及人)을 서라

고 정의했다. 자기의 마음을 미루어서 남이 바라는 바를 이해하는
것으로 풀이했다.

충서(忠恕)는 충과 서가 하나로 통일된 개념이다. 충은 서를 만나
야 의미를 획득하고, 서는 충이 전제되어야 발현된다. 서가 없는 충
은 관계성이 미흡하며, 충이 없는 서는 진실성이 결여된다. 충과 서
는 둘이면서 하나다. 충서는 곧 인의 다른 이름이라고 할 수 있다.

배려의 마음

사실 『논어』에는 충서에 대한 구체적인 내용이 보이지 않는다.
다만 서(恕)에 관해서는 공자의 분명한 정의가 있다. 제자 자공의
요청에 이렇게 답했다.

> 자공: 제가 평생토록 실천해야 할 한마디가 있습니까?
> 공자: 아마도 서(恕)이리라!
>   자기가 원하지 않는 것을 남에게 행하지 말라.
>
> 子貢問曰: "有一言而可以終身行之者乎?" 子曰: "其恕乎! 己所不欲, 勿施於人."
> 자공문왈: "유일언이가이종신행지자호?" 자왈: "기서호! 기소불욕, 물시어인."
> 〈위령공〉

또한 제자 중궁이 인을 묻자 이렇게 말했다.

> 집 문을 나서면 큰 손님을 대하듯이 하고,
> 백성을 부릴 때는 큰 제사를 받들 듯이 해라.
> 자기가 원하지 않는 것을 남에게 행하지 말라.

그리하면 나라에서도 원망 받는 일이 없을 것이고,

집안에서도 원망 받는 일이 없을 것이다.

子曰: "出門如見大賓, 使民如承大祭. 己所不欲, 勿施於人. 在邦無怨, 在家無怨."
자왈: "출문여견대빈, 사민여승대제. 기소불욕, 물시어인. 재방무원, 재가무원." 〈안연〉

두 제자의 각각 다른 질문에 공자는 '자기가 원하지 않는 것을 남에게 행하지 말라', 즉 '기소불욕 물시어인(己所不欲 勿施於人)'이라고 같은 답을 주었다.

그런데 같은 '기소불욕 물시어인(己所不欲 勿施於人)'을 한 번은 서(恕)라고 칭했고, 또 한 번은 인(仁)이라고 말했다. 서와 인은 서로 호환되는 관계이며, 의미상 동질한 성격임을 알 수 있다.

기소불욕 물시어인은 자기가 원하지 않는 것을 남에게 행하지 않는 실천상의 정의다. 역지사지(易地思之)의 마음으로 공감하고 배려하라는 평범한 진리이다.

내가 원하지 않는 것은 남도 원하지 않는다. 내가 하기 싫은 것은 남도 하기 싫어한다. 내가 원하는 것은 남도 원한다. 나도 인간이고, 남도 인간이기 때문에 동일한 '하나의 잣대'를 적용해야 하는 것이 도리이자 상식인 줄 알지만, 그 실천은 쉽지 않다. 자기에게는 한없이 관대하게, 남에게는 철저히 야박하게 적용하는 '이중의 잣대'가 상습적으로 횡행한다. 팔이 안으로만 굽는 '내로남불'이 일상화되기 십상이다.

일상적으로 발견되는 '이중의 잣대'가 바로 불인(不仁)이다. 자기만 생각하고 자신만 위한다면 동물의 세계와 다름없다. 결국 '만인의 만인에 대한 투쟁'이 날마다 반복되는 야만의 정글이 된다. 춘추전국시대의 사회적 혼란은 바로 불인에서 비롯되었다.

사람이 사는 사회는 공감과 배려의 문화가 꽃 피울 때 비로소 의미를 획득한다.

03
사랑의 향기

:
:

극기복례

인은 삶의 모든 일상에서 숨을 쉬듯 이루어져야 하는 실천이다.
지속가능한 인의 실천은 자기를 닦는 것으로부터 나온다. 제자 안
연이 인을 묻자 이렇게 말했다.

"자기를 이겨내고 예를 회복하는 것이 인을 행하는 것이다.
하루라도 자기를 이겨내고 예를 회복하면,
온 세상이 인으로 돌아갈 것이다.
인을 행하는 것이 자기 자신에게 달려 있지,
어찌 남에게 달려 있겠느냐?"

子曰: "克己復禮爲仁. 一日克己復禮, 天下歸仁焉. 爲仁由己, 而由人乎哉?"
자왈: "극기복례위인. 일일극기복례, 천하귀인언. 위인유기, 이유인호재?" 〈안연〉

극기복례! 극기복례는 국어사전에도 나오는 관용구이지만 그 의
미는 실로 크고도 깊다. 단순히 '자기를 이기고 예로 돌아간다'고

글자 그대로 풀이하지만 잘 와닿지는 않는다.

자기를 이긴다는 것은 무엇인가. 왜 자기를 이겨야 하며, 어떻게 하는 것이 이기는 것이며, 자기를 이겼다는 것을 어떻게 아는가, 자기를 이긴 다음에는 무엇을 해야 하는가 등 오리무중이다.

일단 자기를 아는 것에서부터 출발해야 한다. 인간은 육체와 정신의 존재이며, 본능과 본성을 가진 오묘한 존재이다. 인간의 마음은 욕구와 욕망과 탐욕이 공존한다.

욕구는 인간의 본능적이고 육체적인 특성에서 비롯된다. 욕구는 먹어야 하고 잠자야 하는 기본적이며 절대적인 생존적 욕구이다. 최소주의 차원에서 적절한 수준으로 충족시켜 주어야 할 욕구이다.

욕망은 인위적이고 상대적인 사회적인 욕구이다. 사회적 존재인 인간은 사회관계 속에서 욕망을 발생시킨다. 적절한 수준에서 적극적으로 통제하고 다스려야 할 욕구이다.

탐욕은 욕망이 지나치면 탐욕이 된다. 탐욕은 자기도 망치고 남도 망치는 파괴적인 욕구이다. 탐욕으로 인하여 짐승보다 못한 인간으로 전락한다. 원천적으로 봉쇄하여 생겨나지 않도록 해야 한다.

극기의 실질적인 대상은 자기의 욕망이다. 탐욕은 애초에 발생시키지 않는다는 전제하에서 아예 대상에서 제외시킨다. 물리적인 극기 훈련, 금욕적인 극기 훈련이 아니기 때문에 기본적 욕구는 최소한의 수준으로 충족시켜 준다.

극기는 자기의 욕망을 적절한 수준에서 통제하고 다스리는 것이다. 자기의 욕망을 극복하고 덕을 얻는 것이 극기다. 극(克)과 득(得)과 덕(德)은 호환적인 가족유사성의 의미를 가진다. 자기를 이기는 극기는 자기를 얻는 득기(得己)이며, 덕으로 자기를 자기답게 하는 덕기(德己)이다. 곧 자기를 닦는 수기(修己)와 동질적인 개념이다. 극기는 수기이며 덕기인 것이다.

한편 복례(復禮)는 문자 그대로 예를 회복하는 것이다. 인(仁)으로 사회의 질서와 규범을 조화롭게 펼쳤던 예의 사회로 돌아가자는 르네상스적 분위기가 강하다. 공자의 관점으로는 멀리는 요순의 시대이고 가깝게는 주공의 시대라고 할 수 있다.

하지만 복례는 단순히 이상적인 유토피아의 도래를 갈구하는 희망사항이 아니다. 우리가 현실 사회에서 구현해야 할 구체적인 미션이다.

예의 사회는 인이 넘치는 사회이다. 예의 공동체는 곧 인의 공동체이다. 극기를 통해 닦은 인이 사회적으로 발현되는 것이 예이다. 인의 사회화이고 극기의 보편화이다. 인으로 사람을 편안하게 하는 안인(安人)이요, 백성을 편안하게 하는 안백성(安百姓)을 구현하는 것이다.

자기를 이기고 예를 회복하는 극기복례는 자기를 닦아 세상을 편안하게 하는 수기치인의 다른 이름이다.

물물물물(勿勿勿勿)

수제자 안연은 극기복례가 인이라는 말씀에 충분히 공감하고 한 걸음 더 들어갔다. 덕행의 모범답게 극기복례의 구체적인 항목을 질문했다. 공자는 이렇게 지침을 주었다.

"예(禮)가 아니면 보지 말고,

　예(禮)가 아니면 듣지 말며,

　예(禮)가 아니면 말하지 말고,

　예(禮)가 아니면 행동하지 말아라."

子曰: "非禮勿視, 非禮勿聽, 非禮勿言, 非禮勿動."
자왈: "비례물시, 비례물청, 비례물언, 비례물동."〈안연〉

여기서 인은 실천적 개념임이 분명해진다. 인은 구체적인 실천의 영역이다. 관념적 이데아가 아니라 현실적 삶이다. 가시적으로는 예의 모습으로 나타난다.

예가 아니면 보지도, 듣지도, 말하지도, 행동하지도 말라는 4물(勿)은 금지의 소극적(negative) 문법이지만, 관점을 능동적이고 적극적(positive)인 관점으로 전환하면 오직 예를 보고, 듣고, 말하고, 행동하라는 4예(禮)가 된다.

예를 보고, 예를 듣는 앞의 두 가지는 외부의 정보와 자극에 대한 수용의 관점이다. 예를 말하고, 예를 행동하는 뒤의 두 가지는 내부의 사람다움을 발현하는 능동적인 행위의 관점이다.

결국 사람다움의 인은 크게 세 가지 차원으로 요약된다.

첫째는 충(忠)이다. 자기 스스로에게 감동받을 수 있을 정도로 최선을 다해 자신을 닦는다.

둘째는 서(恕)다. 공감적 배려로 자신뿐만 아니라 남도 인의 세계에서 놀 수 있도록 충을 사회화한다.

셋째는 예(禮)다. 충서가 사회적 관계망 속에서 원활하게 작동할수 있도록 조화로운 질서를 구현한다.

바로 내가 한다

인을 실천하는 주체는 바로 자기 자신이다. 이미 앞에서 본 안연과의 대화에서 "인을 행하는 것이 자기 자신에게 달려 있지, 어찌 남에게 달려 있겠느냐(爲仁由己, 而由人乎哉 위인유기, 이유인호재)"라고 말했다. 여기에서도 인은 자기 자신이 실천하는 것임을 강조했다.

"어디 인이 멀리 있단 말인가?
 스스로가 인을 행하고자 하면,
 인은 곧 자신에게로 다가온다."

子曰: "仁遠乎哉? 我欲仁, 斯仁至矣."
자왈: "인원호재? 아욕인, 사인지의." 〈술이〉

자기를 극복하는 극기의 주체도 자신이며, 복례를 행하는 주인공도 자신이다. 충으로 자신을 닦고, 서로 공감하고 배려하는 것도 바로 나다. 인이란 자신의 사람됨이며 자기의 삶의 과정인 것이다.

말부터 조심한다

사랑의 실천은 멀리 있지 않다. 나부터, 가까운 주변에서부터 시작되고 완성된다. 일상 속에서 인을 구현하면 성인이 된다. 공자는 우선 말부터 조심하라고 이른다.

사마우가 인에 관하여 물었다.

공자:　　인한 사람은 말을 삼가고 참아서 한다.

사마우:　말을 삼가고 참아서 하면 인이라 이를 수 있습니까?

공자:　　말을 실천하기가 어려우니, 말을 삼가고 참아서 하지 않을
　　　　　수 있겠는가.

司馬牛問仁, 子曰: "仁者, 其言也訒." 曰: "其言也訒, 斯謂之仁矣乎?" 子曰: "爲之難, 言
之得無訒乎?"

사마우문인, 자왈: "인자, 기언야인." 왈: "기언야인, 사위지인의호?" 자왈: "위지난, 언
지득무인호?" 〈안연〉

　말조심은 곧 말을 삼가고 참아서 하는 것이다. 말에는 진정성이
있어야 하고, 실천을 담보하는 책임성이 있어야 한다. 어찌 머뭇거
리며 삼가고 참아서 하지 않을 수 있겠는가.

　특히나 제자 사마우는 '말이 많고 조급했다(다언이조, 多言而躁)'고
하니 더욱 말조심하라고 강조했으리라. 말이 많은 자 조급하고, 조
급한 자 말이 많다. 그 말은 대개 책임지지 못할 말이다.

　'말을 참다. 말을 더듬다'의 인(訒)은 말을 삼가고 과묵한 눌(訥)과
같은 의미다. 인(仁)은 곧 인(訒)이다. 3000년 전에도 인(仁)과 인(訒)
은 발음이 같았다. 같은 발음을 활용하여 사람다움의 의미를 강조
하였다.

　같은 질문, 다른 대답

　『논어』 500여 장 가운데 인에 대하여 언급한 장은 58개에 이른
다. 그중에서 제자들이 직접적으로 '인은 무엇입니까?'라고 질문한

문장이 7개이다. 특이하게도 공자의 대답이 모두 다르다.

'같은 질문에 다른 답'을 언뜻 이해하기가 어려울 것이다. 4지 선다형의 객관식 정답에 길들여진 오늘날의 상식으로는 질문이 같으면 답도 같아야 하는데, 공자는 달랐다. 두 가지 정도의 이유를 찾을 수 있다.

하나는 인의 실천적 성격이다. 실천 개념으로 발명된 인은 삶의 모든 국면에서 다양한 양상으로 나타난다. 삶을 살아가는 과정이 곧 인을 실천하는 역사이니만큼 그 양태도 여러 가지다.

다른 하나는 제자들의 특성과 기질을 감안하고 수준을 고려하여 가르치는 공자의 눈높이 교육방식에서 기인한다. 공자는 대상과 상황에 적합한 내용으로 깨달음을 주고자 하였다.

특히 번지라는 제자는 '인이란 무엇입니까?'라고 세 번에 걸쳐 같은 질문을 했다. 그에 대한 공자의 답은 역시 세 번 모두 이렇게 달랐다.

번지: 인이란 무엇입니까?
공자: 사람을 아끼는 것이다. 〈안연〉

번지: 인이란 무엇입니까?
공자: 인한 사람은 어려운 일에는 먼저 나서서 하고, 이익을 챙기는
      데는 남보다 뒤에 한다. 이렇게 한다면 인하다고 할 수 있다.
      〈옹야〉

번지: 인이란 무엇입니까?
공자: 평소 생활은 공경스럽게, 업무 처리는 경건하게, 사람을 대할
      때는 진실하게 하는 것이다. 〈자로〉

우리는 번지가 언제, 어떤 상황에서 세 번에 걸쳐 같은 질문을 한 것인지는 모른다. 다만 공자의 대답 속에서 인의 다양한 실천 양태를 확인할 수 있다.

사랑의 깊이와 넓이

일상 속에서 인을 내면화하여 지속적으로 실천하면 사람의 특성이 된다. 인한 사람(仁者)이라는 개성적 인격이 생기게 된다. 그 대척점에서 소인적인 삶을 살다보면 불인자(不仁者)의 늪에 갇히게 된다. 지자(知者)는 거의 인자에 가깝지만, 그 정도와 깊이에서 아직 가야할 여정이 남아있다.

"인하지 못한 사람은 오랫동안 곤궁에 처하지도 못하고,
　오랫동안 즐거움에 처하지도 못한다.
　인한 사람은 인을 편안하게 여기고,
　지혜로운 사람은 인을 이롭게 여긴다."

子曰: "不仁者不可以久處約, 不可以長處樂. 仁者安仁, 知者利仁."
자왈: "불인자불가이구처약, 불가이장처락. 인자안인, 지자이인." 〈이인〉

불인자(不仁者), 지자(知者), 인자(仁者)의 담론은 이렇게 이어진다.

"지자는 물을 좋아하고, 인자는 산을 좋아한다.
　지자는 움직이고, 인자는 고요하다.
　지자는 즐기고, 인자는 오래 산다."

子曰: "知者樂水, 仁者樂山; 知者動, 仁者靜; 知者樂, 仁者壽."
자왈: "지자요수, 인자요산; 지자동, 인자정; 지자락, 인자수." 〈옹야〉

불인(不仁)은 극복의 대상이다. 곤궁함도 즐거움도 오래하지 못하며 전전긍긍하는 안타까운 삶이다.

인자(仁者)는 인에서 편안함을 누리는 안인(安仁)의 삶이니, 고요하고 평화롭기가 산과 같다. 산이 좋아 산처럼 오래 산다.

지자(知者)는 인을 이롭게 여기는 이인(利仁)의 삶이니, 움직임이 물과 같이 자연스럽게 역동한다. 물이 좋아 물처럼 즐기며 산다.

인자는 산을 좋아한다.

지자는 물을 좋아한다.

"산은 산이요, 물은 물이로다"처럼 선문답을 닮은 시적 언어이다. 고도로 압축된 생략과 넉넉한 여백을 그윽하게 음미하며 공자의 마음이 되어 보리라.

제3장

자율의 길

스스로를 다스리는 사람

01

리더의 새 지평

:
:

군자의 탄생

『논어』에서 추구하는 바람직한 인재상은 군자다. 군자는 사람다움의 인을 내면화하여 일상에서 실천하는 이상적인 인격체이다. 한마디로 도덕적 인격자다.

공자는 인의 가치를 체현한 인재상으로 군자를 제시하며 인의 실천 가능성을 배가시키고자 하였다. 눈에 보이지 않는 인을 눈에 보이는 군자의 모습으로 형상화하고자 하였다. 인에 대한 강조는 곧 군자됨을 이르는 것이고, 군자됨은 인의 실천을 역설한 것이다. 논어 전체가 군자, 즉 사람다운 사람이 되는 길을 밝힌 언행록인 연유이다.

그런데 공자 이전에도 '군자'라는 존재는 엄연히 실재했다. 다만 그 개념이 달랐다. 당시에 통용되던 군자의 의미는 통치자를 뜻하는 사회계층적 의미였다. 구체적으로 임금인 군주(君主)의 아들을 군자(君子)라고 칭했다. 왕자(prince)가 곧 군자였던 것이다. 점차적으로 제후와 대부 등 권력을 가진 지배계층 일반을 지칭하는 용어로 사용되었다.

공자는 군자를 지배계층의 지위를 가진 계급적 존재에서 인(仁)의 도덕을 갖춘 윤리적 존재로 전환시켰다. 공자 이전의 군자와 공자 이후의 군자는 개념적으로 다르다. 오늘날 일반적으로 통용되고 있는 군자는 공자가 재개념화한 군자다.

군자 혁명

공자는 정명(正名)의 관점에서 군자를 재개념화했다. 군자가 군자다워야 군자라는 선언이다. 지배자적 지위가 아니라 도덕적 품성을 갖추어야 진정한 군자라고 천명했다. 혈통 중심의 세습 체제에서 능력 중심의 인격 체제로 패러다임을 전환시킨 것이다. 새로운 군자론은 춘추시대의 신분제적 한계를 뛰어넘는 가히 혁명적인 주장이다. 군자론의 새로운 지평을 개척한 '군자 혁명'이라고 칭할 만하다.

당시의 군자는 세습적인 신분이었기 때문에 지위와 자격과 역할이 미분화된 상태였다. 태어날 때부터 계승한 지위를 가지고 백성들을 지배하고 나라를 통치했다.

공자는 군자의 지위와 자격과 역할을 각각 분화시키고, 이 세 가지 측면에서 기존의 군자 체제를 공략하고 새로운 군자론을 주창했다.

첫째는 지위에 대하여 이의를 제기하였다. 일단 지위 여부에 대하여 다른 개념을 제시했다. 기존에는 통치자적 지위에 있는 유위자(有位者)만을 군자라 칭했다. 하지만 공자는 군자에게 있어 지위 여부는 상관이 없다는 인식이다. 지위에 있을 수도 있고 지위가 없을 수도 있는 것이다. 곧 지위는 군자 여부를 판별하는 기준이 될 수 없다는 것이다. 다만 자기가 처한 각자의 위치에서 인을 실천하면 군자가 될 수 있다는 말이다. 공자가 말하는 군자는 정치적인 위치에 있는 사람이 아니라 덕을 가진 이상적인 인격인 유덕자(有德者)를 의미한다.

그러므로 유위자라고 해서 반드시 군자라고 할 수는 없다. 설령 지배계층이라고 하더라도 덕이 없으면 소인에 불과하다고 갈파했다.

둘째는 자격에 대하여 강력하게 문제를 삼았다. 혈통 중심의 세습 체제를 통해 군자를 계승하는 구체제는 단순히 지위와 혈통을 계승하는 것일 뿐 덕을 갖춘 군자의 자격을 획득하는 것은 아니라는 주장이다. 구태의연한 지위 세습이 아니라 능력과 자질을 갖춘 덕 있는 인재가 군자의 자격이라고 강조했다. 인과 예를 배우고 익혀서 사회적으로 실천할 수 있으면 누구나 군자가 될 수 있다고 역설했다. 능력본위의 민주주의적 리더론의 맹아라고 할 수 있다.

셋째는 역할에 대하여 통렬하게 비판했다. 절대 권력을 가진 군자가 자기 마음대로 통치하고 함부로 군림하던 기존의 지배자적 역할로는 춘추시대 말기의 사회적 혼란과 도탄에 빠진 백성을 구제할 수 없다고 비판했다. 군자가 솔선수범하여 인을 실천함으로써 인정(仁政)을 베풀고 덕의 정치를 구현해야 한다고 설파했다. 군자는 공적 존재다. 인을 사회적으로 실천하는 예(禮)의 집행자 역할을 수행할 수 있어야 한다.

21세기형 군자

공자의 군자론은 사람답게 사는 좋은 세상을 만들기 위해서는 세습적 권력자가 아니라 덕이 있는 인격자가 덕으로 나라를 다스려야 한다는 리더론이다. 또한 먼저 인으로 자기 자신을 닦아야 한다는 수양론이다.

논어 전반을 관통하는 공자의 사상은 한마디로 수기치인(修己治人)이다. 인으로 자기를 끊임없이 수양하고, 덕으로 인한 정치를 베풂으로써 백성들이 편안하게 살 수 있는 평화로운 사회를 만들자는 것이다. 수기치인을 실천하는 주체가 군자다.

군자는 단순히 지배하고 통치하는 존재가 아니라 인을 실천하는 이상적인 인격이다. 배움과 수양을 통해 도덕적 품성을 갖춘 자율적인 존재이자, 인으로 질서와 규범을 형성하며 평화로운 세상을 만들어 가는 존재이다.

군자를 영어로 번역할 때 'gentleman'(신사)으로 번역하는 경우가 일반적이다. 자기 수양을 통해 교양인의 품격을 갖춘다는 개인적인 측면에 방점을 둔 번역이라 하겠다. 군자는 유덕자이자 덕행자이다. 지위 여부에 관계없이 덕을 갖추고 덕을 실천하는 지도자적 역할을 수행하는 공인적 존재이다. 젠틀맨보다는 리더가 더 적합하리라고 본다.

오늘날 보편적인 인재상으로 가장 많이 등장하는 인재가 '리더'이다. 대학이든 기업이든 거의 모든 조직에서 리더를 갈구하고 리더십을 추구한다.

사실 따지고 보면 인류 역사상 리더가 요청되지 않은 시대는 한

번도 없었다. 리더 없이 작동되는 사회는 존재하지 않았다. 개인이든 집단이든 리더적 역할을 수행하는 존재의 필요성은 앞으로도 변하지 않을 것이다.

리더의 자격과 역할에 주목한 리더론의 원조는 공자의 군자론이다. 군자는 바로 리더의 덕목을 갖추고 리더십을 발휘하는 존재이다. 수기치인이 리더십의 본질이고, 군자가 리더의 이념형적 존재이다. 진정한 리더는 '21세기형 군자'를 지향한다.

신분제적 질곡에서 벗어난 현대 사회에서는 누구나 리더다. 누구나 자기를 다스리는 자율적인 리더이고, 누구나 함께하는 시민 사회의 참여적 리더다. 리더의 자격과 능력을 스스로 갖출 수 있는 사람이 사람다운 사람이다.

02
리더의 자리와 자질

:

저 넓은 곳을 향하여

군자는 리더다. 군자는 리더라고 이해하면 쉽다. 리더는 혈통이
아니라 자질과 능력으로 자기의 자리를 만드는 존재이다. 권력이
아니라 덕으로 자신과 사회를 이끄는 존재이다. 리더는 인을 실천
하고 예를 선양하는 군자와 다르지 않다.

군자는 저 넓은 곳을 지향한다. 더 나은 자기, 더 좋은 세상을 꿈
꾼다. 지평을 공유하며 부분이 아니라 전체를 본다.

군자에 대한 가장 유명한 정의 중의 하나가 군자불기, 단 네 글
자로 된 극히 짧은 문장이다.

"군자는 그릇이 아니다."

子曰: "君子不器."
자왈: "군자불기." 〈위정〉

군자는 그릇 같은 존재가 아니다. 군자는 그릇을 넘어서는 존재

라는 의미다. 군자는 그릇처럼 특정되지 않으며, 하나의 용도에만 한정된 기능적이고 도구적인 존재가 되어서는 안 된다는 주문이다.

사람됨의 도리를 밝히고 세상의 평화를 이루는 길은 넓고도 깊다. 그 길을 가는 군자는 학식과 덕망을 두루 갖춘 인격자여야 하지, 각종 그릇처럼 특정 용도에 국한된 '전문가 바보'가 되어서는 안 된다는 뜻이다.

그릇 기(器)는 소인이 배우고 익히는 재주이며, 소인이 종사하는 특정 분야의 전문적 기술을 의미한다. 군자가 지향하는 불기(不器)는 인과 예를 기반으로 가치적 보편성과 인격적 일반성을 추구하는 도(道)를 의미한다.

군자는 학문과 덕을 갖추어 인을 체현하는 존재이다. 군자는 기능적 한계를 초월하며 실리적 수단을 넘어선 목적적 존재이다. 도구적 필요에 의해 한 가지 재주나 특정 기능만을 익히는 존재가 아니다. 여러 분야에 두루 소통할 수 있는 지평 융합의 가치를 지향한다.

리더의 자리는 더 넓고 더 깊은 자리이다. 지평을 볼 수 있는 자리이고 연결 지평을 넓힐 수 있는 자리이다. 그릇 안에서는 볼 수 없기 때문에 불기이다.

저 높은 곳을 향하여

군자는 위를 보는 사람이다. 하늘을 보고 삶의 방향을 잡는다. 하늘을 보고 하늘을 닮으려 한다. 사람됨의 진실과 성실로 하늘의 명을 알아들으려 최선을 다한다.

군자와 대척점에 있는 존재가 소인이다. 군자와 소인은 추구하는 방향에서부터 사뭇 다르다. 군자는 위로 향하고 소인은 아래로 향한다. 군자와 소인의 삶의 지향에 대하여 공자는 이렇게 말했다.

"군자는 위로 통달하고,
　소인은 아래로 통달한다."

子曰: "君子上達, 小人下達."
자왈: "군자상달, 소인하달." 〈헌문〉

형이상학적인 것을 도(道)라고 하고, 형이하학적인 것을 기(器)라 한다. 군자는 형이상학적인 도에 통달하고자 하고, 소인은 형이하학적인 기를 통달하고자 한다.

군자는 인과 예를 통해 공적인 가치를 추구하고, 소인은 사사로운 이익과 욕구를 추구한다. 군자불기와 일맥이 상통한다. 하늘을 담을 수 있는 그릇이 없기 때문에 불기이다.

지위와 자격

공자는 세습적인 군자를 군자다운 군자로 인정하지 않았다. 군자다운 자질과 능력을 갖추어야만 군자라고 거듭 강조했다. 지위에 걸맞은 실질을 요구했다.

가치를 추구하는 모든 존재는 내용과 형식이 조화롭게 균형을 이루어야 아름답다. 공자는 군자의 자리를 이렇게 말했다.

"바탕이 꾸밈보다 넘치면 거칠어지고,

꾸밈이 바탕보다 넘치면 번지르르하다.

바탕과 꾸밈이 조화로워야 비로소 군자다운 것이다."

子曰: "質勝文則野, 文勝質則史. 文質彬彬, 然後君子."
자왈: "질승문즉야, 문승질즉사. 문질빈빈, 연후군자.〈옹야〉

핵심은 문질빈빈(文質彬彬)이다. 빈빈은 상반된 두 가지가 적절히 잘 섞여서 조화롭게 균형적으로 어우러지는 모양이다. 빈빈은 제3의 새로운 가치를 창출하는 융합의 진정한 의미다. 빈빈해야 융합이다.

문은 무늬이고 꾸밈이고 형식이다. 질은 바탕이고 질박이고 내용이다. 질은 문을 만나야 하고, 문은 질이 받쳐줘야 한다. 문과 질은 존재 자체가 서로를 필요로 하는 상보적 관계이다. 이것의 지평을 연결하여 융합하는 것이 빈빈이다.

야(野)는 야성스럽고 질박하고 거친 상태이며, 사(史)는 겉모양만 번지르르한 상태를 뜻한다. 야든 사든 그 자체로는 극복의 대상이다. 야는 아름다운 꾸밈을 필요로 하고, 사는 훌륭한 바탕을 요청한다. 이 또한 빈빈해야 하는 것이다.

자연미와 세련미가 빈빈하게 조화를 이룰 때 사람의 품격이 아름다워진다. 실질적인 내용과 나타나는 형식은 둘이 아니다. 존재하는 모든 실체는 내용과 형식의 균형과 조화로 이루어진다.

문과 질이 빈빈한 정도에 따라 사람이 구별된다. 군자는 문질빈빈한 존재이다. 문질빈빈이 되어야 오를 수 있는 자리이다. 지위와 능력이 하나로 통일되어야 역할을 수행할 수 있는 자리이다. 한편으로는 이론과 실천의 빈빈을 포함한다.

배움으로 만드는 자리

군자를 군자답게 만드는 것은 혈통이 아니라 배움이다. 배워서
군자가 될 수 있다는 근본 가정이 논어의 출발점이다. 신분적 세습
이 아니라 교육적 성취가 가능할 때 문질빈빈은 의미를 획득한다.
공자는 군자의 배움을 이렇게 말했다.

"군자가 널리 문을 배우고 예로써 단속하니,
　이 또한 도리에 어긋나지 않을 것이다."

子曰: "君子博學於文, 約之以禮, 亦可以弗畔矣夫"
자왈: "군자박학어문, 약지이례, 역가이불반의부" 〈옹야〉

문질빈빈은 박문약례(博文約禮)로 이어진다. 군자는 널리 문(文)을
배우고 예(禮)로서 자신의 행동을 절제하고 단속해야 문질빈빈한
존재가 된다. 박문의 문은 시경, 서경을 포함하여 넓은 의미의 학문
을 의미한다.

군자는 기본적으로 배우는 존재이다. 배움을 좋아하고 배움으로
인을 실천하는 지성인이다. 논어 전반에 걸쳐 배움을 강조하는 이
유이다.

03

리더의 품격

.
.
.

군자의 길

군자의 개념 자체가 정치적 지위를 가진 자에서 비롯되었기 때문에 공자가 새롭게 정의한 덕을 갖춘 존재로서의 군자의 개념이 통용되는 데에는 다양한 의미화가 필요했다. 제자 자로(子路) 역시 군자의 새로운 의미에 대하여 고민했다.

자로: 군자란 어떤 사람입니까?

공자: 경(敬)으로써 자기 자신을 닦는 사람이다.

자로: 그렇게만 하면 됩니까?

공자: 자기 자신을 닦아 사람들을 편안하게 해야 한다.

자로: 그렇게 하면 끝입니까?

공자: 자기 자신을 닦아 백성을 편안하게 해야 한다. 수신하여 백성을 편안케 하는 일은 요·순 임금도 어려워했던 일이다.

子路問君子, 子曰: "修己以敬." 曰: "如斯而已乎?" 曰: "修己以安人." 曰: "如斯而已乎?"
曰: "修己以安百姓. 修己以安百姓, 堯舜其猶病諸!"
자로문군자, 자왈: "수기이경." 왈: "여사이이호?" 왈: "수기이안인." 왈: "여사이이호?"
왈: "수기이안백성. 수기이안백성, 요순기유병저!" 〈헌문〉

군자의 길은 안으로는 자기를 완성하고 밖으로는 평화로운 세상을 만드는 길이다. 자기 완성은 수기(修己)를 통해 이루어지고, 평화로운 세상은 사람들을 편안하게 함으로써 만들어간다.

요체는 경(敬)으로써 스스로를 닦는 수기이경(修己以敬)이다. 사람들을 편안하게 하는 안인(安人)과 백성을 편안하게 하는 안백성(安百姓)은 수기이경의 사회적 선양이며 공공적 확장이다.

군자됨의 기본 원리이자 출발은 스스로를 닦는 수기이다. 수기는 곧 사람됨의 과정이다. 경(敬)은 매사에 조심하고 경건하게 자기의 몸과 마음을 다하는 태도이다. 수기는 자기의 사사로운 욕망과 탐욕을 극복하는 극기(克己)와 통하는 길이다.

자기를 닦는 이유는 마음속 먼지는 순간순간 쌓이고, 삶의 허물은 매일매일 생기는 것이기에 닦지 않을 수가 없기 때문이다. 닦음은 한번 닦으면 끝이 아니다. 어느 순간인들 닦지 않을 수 없으며, 언제까지라도 닦음을 멈출 수가 없다. 그래서 수기는 영원히 계속되는 공부이자 삶이다.

군자의 기본

군자가 자기 수양을 멈출 수 없는 기본적인 이유는 자기의 부족함과 결핍을 알기 때문이다. 자기의 부족함을 앎에도 수양하지 않는다면 군자가 될 수 있는 길은 영원히 없다. 자기의 부족함을 인정한다는 그 자체가 이미 수양이 상당 수준으로 진척되었기 때문에 가능한 경지이다.

"군자는 자기의 무능을 걱정하지,

　다른 사람이 자기를 알아주지 않음을 걱정하지 않는다."

子曰: "君子病無能焉, 不病人之不己知也."
자왈: "군자병무능언, 불병인지불기지야." 〈위령공〉

첫 장에서 말했듯이 '남들이 알아주지 않아도 화나지 않을 때 군자답다'(人不知而不慍 不亦君子乎. 인부지이불온 불역군자호.)고 한다.

또한 외경을 알기 때문에 수기의 길에서 벗어날 수가 없다. 외경을 아는 자는 매사에 경건하며 매사에 겸손하다. 외경은 기도하는 마음으로 스스로를 돌보는 성숙함이다.

공자는 군자는 적어도 세 가지에 대한 외경을 품는다고 하였다. 군자는 천명과 대인과 성인의 말씀에 대하여 외경할 줄 안다. 반면에 소인은 천명을 모르니 외경할 줄 모르고, 대인을 업신여기며, 성인의 말씀을 경시한다고 하였다.〈계씨〉

군자는 하늘의 명을 실천하는 사람이다. '천명을 알지 못하면 군자가 될 수 없다'(不知命 無以爲君子也. 부지명 무이위군자야)〈요왈〉고 했다. 군자는 천명을 알고, 천명에 대한 외경을 경건하게 수행하는 존재다.

군자와 소인의 차이

인재상은 기본적으로 바람직한 인재의 덕목과 자질을 이념형적으로 모델화한 것이기 때문에 추상적인 나열식으로 제시하는 경우가 많다. 하지만 추상적인 덕목을 지루하게 열거하는 것은 모델로서의 인재의 의미를 희석시킨다. 인재상의 구체적인 실체가 그려지지 않기 때문에 모방할 수도 없고 뛰어넘을 수도 없는 한계가 나타난다.

공자는 인재상인 군자의 의미와 자질에 대하여 광범위하고 다양하게 설명하면서 주로 소인(小人)과 대비하여 그 차별점을 극대화시키는 전략을 사용하고 있다. 군자와 소인을 대조적으로 조명함으로써 군자의 실체를 명확하게 인식하라는 주문이다.

실천지향적인 관점에서 군자적인 자질을 갖추어야 하며, 소인적인 행태는 단절하여 극복하라는 구체적인 지침을 주었다.

군자란 경(敬)으로 자기 자신을 닦는 사람이라고 선언하였듯이, 군자는 자기를 돌보는 사람이고, 소인은 자기를 아랑곳하지 않는 사람이다. 스스로를 돌보지 않는데 어떻게 군자가 될 수 있으며, 스스로를 아랑곳하지 않는데 어떻게 군자가 될 수가 있겠는가.

이뿐만 아니라 수기의 관점에서 군자와 소인의 차이를 선명하게 일깨워주는 통찰적 혜안을 여러 곳에서 발견할 수 있다.

> "군자는 자기 자신에게서 잘못을 찾고,
> 소인은 다른 사람에게서 잘못을 찾는다."
>
> 子曰: "君子求諸己, 小人求諸人."
> 자왈: "군자구저기, 소인구저인." 〈위령공〉

수기의 시작점은 자신에 대한 성찰이다. 성찰이 없는 수기는 허구다. 공자는 자신에게서 잘못의 원인을 찾는 반구저기(反求諸己)를 강조했다. 반구저기는 자존이다. 자기에게서 원인을 찾는 것은 자기 스스로가 통제할 수 있는 것을 통제하는 것이다. 반면에 남에게서 원인을 찾는 반구저인(反求諸人)은 교만이다. 자기가 통제할 수

"군자는 말은 어눌하게, 행동은 민첩하게 하고자 한다."

子曰: "君子欲訥於言而敏於行."
자왈: "군자욕눌어언이민어행." 〈이인〉

군자는 함부로 말하는 것, 말에 책임지지 못하는 것에 대하여 한없이 부끄러워한다. 그러므로 차라리 말은 어눌하고자 한다. 대신에 행함은 민첩하고자 하는 것이다.

리더의 생각

아울러 리더의 생각을 보자. 군자는 삶의 모든 국면에서 인을 생각하고 실천하는 존재다. 특히 아홉 가지에 대하여 항상 생각해야 한다고 구사(九思)를 강조하였다. 일상에서 무엇을 어떻게 생각하는가가 그 사람을 만든다. 생각의 차이가 사람의 차이다.

"볼 때는 분명하게 보았는지 생각하라.
 들을 때는 총명하게 들었는지 생각하라.
 남을 대할 때는 표정은 온화한지 생각하라.
 태도는 공손한지 생각하라.
 말은 진실한지 생각하라.
 일할 때는 경건한지 생각하라.
 의심스러울 때는 물을 것을 생각하라.
 화가 날 때는 어려워질 뒷감당을 생각하라.
 이득을 얻을 때는 의로운 것인지를 생각하라."

孔子曰: "君子有九思: 視思明, 聽思聰, 色思溫, 貌思恭, 言思忠, 事思敬, 疑思問, 忿思難, 見得思義."

공자왈: "군자유구사: 시사명, 청사총, 색사온, 모사공, 언사충, 사사경, 의사문, 분사난, 견득사의." 〈계씨〉

04

덕의 실천

.
.
.

덕행의 기준

리더는 사람됨의 모범이며 공동체의 대표이다. 모범의 품격을 갖추고 대표의 역할을 수행할 수 있는 힘이 덕이다. 덕은 존재 그 자체의 본래적 성질인 '그다움'을 올곧게 구현해 내는 훌륭함이다.

내면적으로 쌓인 인(仁)이 외부적으로 발현될 때 덕이 된다. 인의 내공이 깊어지면 덕으로 발현된다.

군자의 덕은 의(義)가 먼저다. 의는 옳음이요 마땅함이다. 떳떳함이요 당당함이다. 맹자는 의를 '사람의 길'이라고 정의했다. 사람으로 마땅히 걸어가야 할 길이 의이다. '사람의 길'을 걷는 사람이 군자다. 공자는 이렇게 말했다.

"군자는 세상일에 대하여 반드시 그래야만 한다고 고집하는 것도 없고, 이래서는 절대 안 된다고 고집하는 것도 없다.
오직 의로움만을 따를 뿐이다."

子曰: "君子之於天下也, 無適也, 無莫也, 義之與比."

자왈: "군자지어천하야, 무적야, 무막야, 의지여비." 〈이인〉

군자는 세상의 일을 처리함에 있어 미리 예단하여 그것만을 고수하는 아집과 고집을 부리지 않는다. '반드시'와 '절대'에 대한 집착을 멀리한다. 상황과 대상에 따른 시의적인 상황 적절성을 추구한다. 시중(時中)의 원리이다. 하지만 단 하나의 기준이 있다. 바로 의다. 의에 합당하면 실행하고 의에 위배되면 그만두어야 한다는 강조이다. 다산 정약용은 이를 '시중(時中)의 의(義)'라고 했다. 의는 덕행의 기준이다. 공자는 이렇게 말했다.

> "군자는 의로움을 바탕으로 삼고, 예로써 실행하고, 겸손으로써 표출하고, 신의로써 완성하나니, 참으로 군자답도다!"
>
> 子曰: "君子義以爲質, 禮以行之, 孫以出之, 信以成之, 君子哉"
> 자왈: "군자의이위질, 예이행지, 손이출지, 신이성지, 군자재" 〈위령공〉

군자가 일을 처리함에 있어 근본은 의(義)다. 의를 바탕으로 하여 예의와 공손과 신의를 실행한다.

> "군자는 정의에 밝고,
> 소인은 잇속에 밝다."
>
> 子曰: "君子喻於義, 小人喻於利."
> 자왈: "군자유어의, 소인유어리." 〈이인〉

군자는 공적 가치를 추구하고, 소인은 사적 이익에 집착한다. 군자는 공적 존재이고 소인은 사적 존재이다. 의는 공적 성격을 대표하고 이(利)는 사적 성격을 대변한다. 서로 대척적인 관계이다. 의(義)가 군자와 소인을 가늠하는 결정적인 기준이다.

> "군자는 덕을 생각하고, 소인은 땅을 생각한다.
> 군자는 법도를 생각하고, 소인은 은혜를 생각한다."
>
> 子曰: "君子懷德, 小人懷土; 君子懷刑, 小人懷惠."
> 자왈: "군자회덕, 소인회토; 군자회형, 소인회혜." 〈이인〉

회(懷)는 가슴속에 품어 상당히 깊게 생각하는 것을 의미한다. 여기서 군자는 위정자이고 소인은 백성이다. 핵심은 무엇을 품고 사느냐이다.

군자가 마음에 품는 덕과 형(刑)은 덕의 실천과 성찰이다. 군자는 덕을 염두에 두고 행동하며, 자신의 행동이 법도에 위배되지 않을까 항상 조심한다.

소인이 가슴에 품고 사는 땅과 혜택은 사적 이익의 갈구이며 구걸이다. 자기의 필요를 외부로부터 충족하고자 함이다. 오직 이익만을 생각하며 이익을 기준으로 삼는다.

조화와 화목

군자불기(君子不器)라고 했듯이 리더는 공동체 전체를 생각하며 두루 조화를 이루는 존재이다. 리더는 한쪽으로 치우친 존재가 아니다. 편견과 협량에서 자기만 옳다고 강권하지 않는다. 오만과 차별로 패권적 지위를 추구하지도 않는다. 자기와 다른 가치를 존중하면서 조화와 평화를 추구한다. 공동체적 지향과 개인적 비전을 일치시키며 공적 가치를 추구한다. 공자는 이렇게 말했다.

> "군자는 화합을 추구하되 같기를 요구하지 않지만,
> 소인은 같아지기만을 강요할 뿐 화합하지 못한다."
>
> 子曰: "君子和而不同, 小人同而不和."
> 자왈: "군자화이부동, 소인동이불화." 〈자로〉

화이부동(和而不同)의 가치는 리더의 주요한 덕목이자 실천 강령이다. 리더는 공동체의 화합과 조화를 추구하지 획일적인 같음을 강요하지 않는다.

화(和)는 다양성을 인정하는 관용과 공존의 논리이다. 상대의 생각과 의견이 나와 다르더라도 존중해줄 수 있는 아량과 배려이다. 자신의 주관을 견지하면서 공동체의 화합을 추구한다.

동(同)은 획일적인 가치만을 용납하는 지배와 흡수, 합병의 논리이다. 사적 이익을 추구하기 위하여 획일적인 같음을 강요한다. 자신의 주관은 이익에 묻어버리고, 상대방에게 부화뇌동하며 동화된다.

> "군자는 두루 아우르되 파당 짓지 않으나,
> 소인은 파당 지을 뿐 두루 아우르지 못한다."
>
> 子曰: "君子周而不比, 小人比而不周."
> 자왈: "군자주이불비, 소인비이부주." 〈위정〉

군자는 공동체 전체의 조화와 화합을 생각하며 두루두루 친밀하게 지내되 사리사욕을 위하여 결탁하지 않는다.

소인은 사리사욕을 위하여 결탁하여 계파를 만들고 라인을 형성함으로써 인간적으로 친밀하게 지내지 못한다.

"군자는 자긍심을 가지되 남과 경쟁하지 않고,
 사람들과 함께 어울리지만 작당하여 패거리를 만들지 않는다."

子曰: "君子矜而不爭, 群而不黨."
자왈: "군자긍이부쟁, 군이부당." 〈위령공〉

리더는 자기의 길에 대하여 자긍하며, 자기의 일에 대하여 자부한다. 자아효능감으로 자신을 사랑하는 사람이다. 자기를 사랑할 수 있어야 남도 사랑할 수 있다.

리더는 자기 자신과 경쟁하지 남들과 경쟁적으로 다투지 않는다. 극기복례의 수신은 자기와의 싸움이고 자기와의 경쟁이다. 남과의 경쟁은 반드시 '이익의 경쟁'이기에 군자는 멀리한다.

리더는 여러 사람과 함께 어울리는 사람이다. 공동체 구성원과 더불어 공적 가치를 추구하는 자긍심의 존재이다. 사적 이익을 위해 조직을 만들고 패거리를 작당하는 행위는 이미 공적 가치를 훼손하는 것이기 때문에 군자의 길이 될 수 없다.

"군자는 남의 좋은 점은 이루어지도록 돕고,
 나쁜 점은 이루어지지 않도록 하지만,
 소인은 그 반대로 행한다."

子曰: "君子成人之美, 不成人之惡, 小人反是."
자왈: "군자성인지미, 불성인지악, 소인반시." 〈안연〉

리더의 긍지는 사람들에게 선한 영향력을 미쳐서 존재의 변화가 일어날 때 자연스럽게 느껴지는 자부이다. 다른 사람이 본인의 장점이나 좋은 점을 잘 이루도록 도와주고, 단점이나 나쁜 점은 스스로 고칠 수 있도록 하는 것 또한 리더의 역할이다.

군자는 우리 모두 함께 잘 사는 좋은 공동체를 추구한다. 소인은 군자와 반대로 생각하고 반대로 움직이는 존재이니 참으로 못난 사람일 뿐이다.

제4장

호학의 길

배움이 제일 좋아

01
배움을 좋아하는 사람

⋮

나는 배운다, 고로 존재한다.

공자는 자기 스스로 '나는 배움을 좋아하는 사람이다'라고 규정했다. 15세에 배움에 뜻을 둔 이래로 평생 동안 배우기를 멈추지 않았다. 매사에 겸손한 공자였지만 배움에 있어서만은 그 누구에게도 양보하지 않겠다고 호학자로서의 자부심을 여과 없이 드러냈다.

"열 가구쯤 되는 작은 마을에도

반드시 나만큼 진실 되고 신의 있는 사람이야 있겠지만,

나만큼 배움을 좋아하지는 못할 것이다."

子曰: "十室之邑, 必有忠信如丘者焉, 不如丘之好學也."
자왈: "십실지읍, 필유충신여구자언, 불여구지호학야." 〈공야장〉

정체성은 존재의 본질을 규명하는 일관된 성질이다. 국가는 국가 정체성이 확실해야 하고, 개인은 자아 정체성이 분명해야 한다. 대한민국의 정체성은 민주공화국이다(헌법 제1조). 공자의 정체성은 호

학(好學)이다.

자아 정체성은 자신의 신념과 가치관을 결정하고 삶의 방향을 규정한다. 자아 정체성을 정립하는 것은 바로 자기 자신이다. 나를 나답게 만드는 것이 정체성이다. 우리는 하나의 나가 아니다. 참 나, 큰 나, 또 다른 나, 내가 아는 나, 남들이 아는 나, 내가 모르는 나, 남들이 모르는 나, 방황하는 나, 흔들리는 나, 몰입하는 나, 좋아하는 나 등 다양한 자아를 가지고 있다.

순간순간 나타나는 복잡다기한 자아는 하나의 자아로 묶어 주어야 사람으로서의 자기동일성을 유지한다. 문득문득 떠오르는 주체할 수 없는 자아를 하나의 자아로 단속해 주어야 자아정체성이 확인된다. 묶어주는 장치가 제대로 작동하지 않으면 자아 분열의 병통이 생기고 급기야 다중적인 자아로 고착화된다.

다기한 자아를 하나로 묶는 실마리가 자아 정체성이다. 다양한 자아를 하나로 이끌어주는 벼리가 사람다움이다. 그 사람다움이 바로 인(仁)이다. 사람다움의 인의 가치를 기르고 유지하고 심화시켜 몸에 배게 하는 사람됨의 활동이 곧 호학이다.

공자가 자아 정체성을 사람다움을 추구하는 호학으로 정립한 것은 지극히 자연스러운 귀결이었다. 사람은 오직 배움을 통해서만 사람다운 사람이 될 수 있음을 깨달은 것이다. 태어날 때부터 불우했던 가정적 배경과 춘추 시대 말기의 극심한 혼란의 사회적 환경 속에서 인간의 천부적인 존엄성을 인식하고 사람됨의 소명을 자각했다.

사람됨의 인격이 저절로 길러질 리가 없다는 진리에 눈뜨고, 부단한 배움에 그 길이 있다는 도리를 깨우친 것이다. 후회 없는 삶을 사는 유일한 길은 오직 배움뿐이라는 것을 알았다. 공자의 정체성은 '나는 배운다, 고로 존재한다'라고 할 수 있다.

사람의 본성과 습성

호학은 사람됨의 노력이기 때문에 그 노력이 의미가 있어야 한다. 아무리 노력해도 성과가 없다면 의미가 없다. 그래서 모든 교육은 변화를 전제한다. 교육을 통해서 더 나은 존재로 거듭날 수 있다는 희망이 교육의 존재 기반이다. 교육을 통한 존재의 변화는 단지 희망이 아니라 진리로 받아들여진다.

공자는 교육을 통한 변화의 원리를 간파했다. 인간은 선천적으로 타고난 본성 자체는 별 차이가 없으나, 후천적으로 만들어진 습성으로 인하여 큰 차이가 생긴다고 말했다. 사람은 본성이 아니라 습성으로 인하여 서로 다른 모습으로 변해간다는 의미이다.

"타고난 본성은 서로 비슷하지만,
 습성에 따라 서로 멀어지게 된다."

子曰: "性相近也, 習相遠也."
자왈: "성상근야, 습상원야." 〈양화〉

인간을 본성과 습성으로 파악한 것은 소박하지만 빛나는 통찰이다. 인간이 본성만으로 규정된다면 삶의 노력이 의미가 없어지고, 습성만으로 규정된다면 인간의 고유한 존엄성을 부정하는 결과가될 것이다.

흔히들 습관을 제2의 천성이라고 한다. 제1의 천성인 본성은 바꿀 수도 없으며, 바꾸어서도 안되는 천부적인 사람됨이다. 다만 사사로운 탐욕으로 흐려지지 않도록 본래의 마음을 찾아 지키고 닦을 뿐이다.

하지만 제2의 천성인 습관은 인간이 스스로 만들어가는 인격적인 사람됨이다. 본성은 부여받는 것이고, 습성은 선택하는 것이다. 본성은 본래의 모습을 되찾는 것이고, 습성은 바람직한 모습을 만들어가는 것이다. 습성은 자기가 선택하여 가꾸어가는 것이기에 지극히 인간적인 것이다.

공자는 사람의 영역인 습성에 주목했다. 습성은 습관, 버릇이 되어 버린 성질이다. 오랫동안 지속적으로 반복함으로써 몸에 익어 버린 행동의 성질이다. 습관은 밖으로 드러난 습성이다. 습성 자체는 양가적이다. 좋은 습성이 있고 나쁜 습성이 있다. 좋은 습성을 발달시키면 좋은 사람이 될 수 있고, 나쁜 습성에 물들면 나쁜 사람이 될 수 있는 것이다.

여기에 배움의 의미가 있다. 자기 스스로 배움을 통해 인격 형성에 기여하는 좋은 습관을 익히고 제2의 천성으로 승화시키는 것이 배움이다. 학이시습의 습의 의미이다. 그래서 배움은 곧 자기 형성의 길이며 자기 수양의 길이 된다. 주자는 '배움이 지극하면 성인이 될 수 있다'고 했다.

배움의 4가지 유형

공자는 "사람의 본성은 가깝고 습성은 멀다"라는 혜안에 따라 배움에 임하는 사람들의 수준을 4가지로 유형화했다.

"태어나면서부터 아는 사람은 상급이고,

 배워서 아는 사람은 그 다음이고,

 곤경에 처해서 배우는 사람은 또 그 다음이며,

 곤경에 처해서도 배우지 않으면 사람이 하급이 된다."

孔子曰: "生而知之者上也, 學而知之者次也, 困而學之又其次也. 困而不學, 民斯爲下矣."
공자왈: "생이지지자상야, 학이지지자차야, 곤이학지우기차야. 곤이불학, 민사위하의."
〈계씨〉

최상급인 태어나면서 아는 생이지지자(生而知之者)는 천재나 신동이다. 하늘이나 신의 부름을 받은 선택된 자이기 때문에 배움의 영역에서는 큰 의미가 없다. 태어나면서부터 세상의 이치를 이미 다알고 있는 까닭에 따로 특별히 배울 것이 없기 때문이다.

최하급인 곤란을 겪으면서도 배우지 않는 곤이불학자(困而不學者)역시도 배움의 영역에서는 별 소용이 없다. 배우지 않고는 인간이될 수 없음에도 불구하고 배우지 않기 때문이다. 하물며 삶에 곤란을 겪으면서도 배우지 않는다면 이미 인간이기를 포기한 것이나 다름없기 때문이다. 개인의 자발적 의지에 의해서든 사회의 제도적장벽에 의해서든 곤이불학자가 나타나는 세상은 건강한 사회라 할수 없다. 곤이불학자가 없는 사회가 문명화된 사회이다.

배워서 아는 학이지지자(學而知之者)는 배움의 모범이며 사람됨의전형이다. 배워서 사람이 되어 가는 기쁨을 온전히 느끼는 호학자이다. 스스로 알아서 배우는 유형이기에 이미 인격적으로 성숙의단계에 접어들었다.

곤란을 통해 배우는 곤이학지자(困而學之者) 역시 배움의 의미를깨닫고 나날이 새로워지는 과정에 있는 호학자이다. 단지 배움의 과정상에서 다소의 아픔이 있었을 뿐이다. 그 아픔을 통해 배움의 가치를 더욱 절실히 느꼈기 때문에 더욱 배움에 매진할 수 있을 것이다.

나는 천재가 아니야

배움에 임하는 4가지 인간 유형 중에서 나는 어느 유형에 가까운지를 가늠해보는 것도 의미가 있을 것이다. 공자는 어디쯤에 자신을 자리매김했을까? 일단 태어나면서부터 아는 생이지지자는 아니라고 말했다.

"나는 태어나면서부터 아는 사람이 아니라,
옛것을 좋아하여 부지런히 탐구하는 사람이다."

子曰: "我非生而知之者, 好古, 敏以求之者也."
자왈: "아비생이지지자, 호고, 민이구지자야." 〈술이〉

공자가 스스로를 생이지지자가 아니라고 말한 까닭은 이미 누군가로부터 생이지지자라는 평가를 받은 바가 있기 때문일 것이다. 공자는 스스로를 천재가 아니라고 단호히 부정했다. 다만 과거의 바람직한 문물인 옛것을 좋아하고 옛것을 민첩하고 부지런히 탐구하는 사람이라고 규정하였다. 옛것을 믿고 옛것을 좋아하는 신이호고(信而好古)의 상고(尙古) 정신과 옛것을 익혀 새로운 것을 아는 온고지신의 탐구 정신이 맞닿아 있다.

이는 공자의 학문하는 자세와 태도가 잘 나타나 있는 다음과 같은 진술에서도 거듭 확인된다. 스스로를 배워서 아는 학이지지자로 규정하였음을 알 수 있다.

"아마 잘 알지도 못하면서 지어내는 사람이 있겠지만,
 나는 그런 적이 없다.
 많이 듣고 그 가운데 좋은 것을 택하여 따르고,
 많이 보고 그 가운데 좋은 것을 마음에 새기면,
 아는 것에 버금가는 일이다."

子曰: "蓋有不知而作之者, 我無是也. 多聞, 擇其善者而從之, 多見而識之, 知之次也."
자왈: "개유부지이작지자, 아무시야. 다문, 택기선자이종지, 다견이지지, 지지차야."
〈술이〉

호학은 학이지지자나 곤이학지자가 지향하는 배움의 태도이다.
우선 잘 알지도 못하면서 어떤 것을 지어내어 주장하는 것이 아니
다. 많이 보고 많이 들으면서 견문을 넓히는 탐구의 자세가 핵심이
다. 견문에는 좋은 것을 선택할 수 있는 안목을 길러 실천하는 태
도가 뒤따른다. 호학의 열린 탐구의 과정을 통해 천재인 생이지지
자에 버금가게 된다.

02
호학의 의미

:
:
:

나를 키우는 공부

호학은 삶의 지향을 배움의 과정에 두는 것이며 배운 것을 익혀
서 실천에 옮기는 정신이다. 궁극적으로 자기 자신을 바로 잡아
진리의 길에 이르게 하는 탐구 정신이다. 공자는 호학은 자기를
키우고 자신을 넓히는 공부인 위기지학을 통해서 이루어진다고
강조한다.

"옛날의 배우는 사람들은 자신의 사람됨을 위해 공부했는데,
요즘의 배우는 사람들은 남에게 인정받기 위해 공부한다."

子曰: "古之學者爲己, 今之學者爲人."
자왈: "고지학자위기, 금지학자위인." 〈헌문〉

위기지학(爲己之學)과 위인지학(爲人之學)의 담론은 공부의 목적,
공부하는 이유에 대하여 묻고 있다. 누구나 공부를 하고 있지만, 과
연 공부다운 공부란 어떤 공부인지를 생각하게 한다. 공부에는 본받

는 공부, 익히는 공부, 깨닫는 공부 등 다양한 공부론이 존재한다.

위기지학은 자기 자신의 사람됨을 위하여 공부하는 것이다. 자신을 닦고 넓히고 키우는 공부이다. 자아 완성을 통해 세상으로 나아가는 공부이다. 맹자는 자신의 잃어버린 마음을 찾는 공부(구방심, 求放心)라고 했다. 자기 자신의 잃어버린 마음이 공부의 대상이다. 왜 잃어버렸는지, 본래의 마음은 어떤 것이지, 잃어버린 마음을 찾으려면 어떻게 해야 하는지를 성찰하고 탐구하고 실천하는 공부가 위기지학이다.

공부를 하면 할수록 마음이 뿌듯해지고 정신이 맑아지면서 삶이 충만해지는 공부라면 위기지학의 공부라고 할 수 있다. 공부와 삶이 하나로 연결되는 깨달음의 공부이다.

반면에 위인지학은 다른 사람들의 요구나 사회적 분위기에 맞추어 자기를 드러내고자 하는 공부이다. 남들보다 더 높은 지위에 오르기 위한 공부이고, 남들에게 과시하고자 하는 공부이다. 소위 출세를 지향하는 위인지학은 결국 세속적인 인기에 영합하여 자기를 소모하는 공부가 되기 때문에 '공부로부터의 소외'를 초래한다. 암기식 위주의 기문지학(記問之學)이나 주입식 중심의 구이지학(口耳之學)의 한계에 갇히는 공부이다.

공부를 하면 할수록 공허하고 자괴감에 빠지게 되는 공부라면 위인지학의 공부라고 할 수 있다. 공부와 삶이 확연히 분리되어 일상생활에서의 즐거움을 즐기지 못하게 되는 공부이다.

퇴계 이황은 "위기지학은 사람으로서 마땅히 해야만 하는 것을 공부하고 생활 속에서 실천하는 것이지만, 위인지학은 헛된 지식을 쌓아서 자기와 남을 속이고 명성과 칭찬을 구하기만 하는 것"이라고 역설했다.

하지만 위기지학과 위인지학의 논쟁은 그리 간단한 것이 아니다. 이미 2천 5백 년 전 춘추시대에서도 위기지학보다는 위인지학이 성행했다. 위인지학은 일상생활의 모든 영역에서 다양한 모습으로 나타났다.

무엇을 배울 것인가

위인지학은 현실적으로 힘이 세다. 많은 사람들이 원하기 때문이다. 우선은 먹고 살아야 하기 때문에 어쩔 수 없이 선택하는 경우가 많다. 하지만 위기지학은 사람됨의 자기 수양과 좋은 세상의 이상을 추구하기에 어렵고 힘든 길이다. 위인지학은 당장 눈앞에 보이는 이익을 도모하고, 위기지학은 마음의 눈으로 봐야 하는 좋은 삶의 지평을 열어간다.

공자와 제자 번지의 대화에서 수천 년 동안 이어져 온 교육의 목적 논쟁을 확인할 수 있다.

번지: 곡식 농사는 어떻게 짓습니까?
공자: 나는 경험 많은 늙은 농부만 못하다.
번지: 채소는 어떻게 심으면 좋습니까?
공자: 나는 늙은 채소 농부만 못하다.
　　　(번지가 나가자 공자는 이렇게 말했다.)
공자: 소인이구나, 번지는! 윗사람이 예를 좋아하면 백성은 저절로
　　　공경하고, 윗사람이 의를 좋아하면 백성은 저절로 복종하고,

윗사람이 신의를 좋아하면 백성들은 저절로 진실해지는 법이
다. 그렇게만 되면 사방의 사람들이 자식을 등에 업고 찾아올
것이거늘, 어찌 농사짓는 법을 거론한단 말인가?

樊遲請學稼, 子曰: "吾不如老農." 請學爲圃, 曰: "吾不如老圃." 樊遲出, 子曰: "小人哉樊
須也! 上好禮, 則民莫敢不敬; 上好義, 則民莫敢不服; 上好信, 則民莫敢不用情. 夫如是,
則四方之民襁負其子而至矣, 焉用稼?"
번지청학가, 자왈: "오불여노농." 청학위포, 왈: "오불여노포." 번지출, 자왈: "소인재번
수야! 상호례, 즉민막감불경; 상호의, 즉민막감불복; 상호신, 즉민막감불용정. 부여시,
즉사방지민강부기자이지의, 언용가?"〈자로〉

논쟁에 대하여 누구의 의견을 지지하거나 반대하기 이전에 좀 더
심도 있는 자기 생각을 전개할 필요가 있다. 발랄하고 경쾌한 논어
읽기를 추구하면서, 생각의 도구 차원에서 다음과 같은 질문 만들
기를 시도할 수가 있을 것이다.

1. 번지의 물음에서 질문 만들기
 1.1. 번지는 왜 하필 농사짓는 법을 배우려고 하였는가?
 1.2. 번지는 왜 농사짓는 법을 하필 공자에게 물었는가?
 1.3. 번지는 왜 곡식 농사법을 묻고 이어서 또 채소 농사법을 물었는가?

2. 공자의 대답에서 질문 만들기
 2.1. 공자는 왜 자신은 늙은 농부만 못하다고 했는가?
 2.2. 공자는 왜 농사짓는 법을 모른다고 말하지 않았는가?
 2.3. 공자는 왜 농사짓는 법을 가르쳐주지 않았는가?

3. 공자의 가르침에서 질문 만들기
 3.1. 공자는 왜 번지가 나간 다음에 가르침을 주었는가?

3.2. 공자가 번지를 소인이라고 한 이유는 무엇인가?

3.3. 공자는 왜 번지에게 직접 예, 의, 신을 말하지 않았는가?

4. 시사점에서 질문 만들기

4.1. 번지가 추구하는 배움의 목적과 내용은 무엇인가?

4.2. 공자가 추구하는 배움의 목적과 내용은 무엇인가?

4.3. 번지와 공자가 추구하는 배움의 공통점과 차이점은 무엇인가?

4.4. 번지와 공자의 논쟁이 현대 사회에 주는 시사점은 무엇인가?

열린 질문이기에 각자가 생각하는 다양한 의견이 있을 것이다. 다만 논쟁의 쟁점을 농사와 공부로 파악하면 피상적인 인식이 되기 쉽다. 교육의 내재적 가치와 외재적 가치가 배경으로 깔려있지만 현실에 기반한 실용주의와 이상에 치우친 공리공담의 대립으로 간주한다면 핵심을 놓치게 된다.

본질적인 것은 시대 인식이고 사람됨의 소명이다. 춘추전국시대는 황음무도한 수탈의 시대였다. 전쟁이 일상화된 참혹한 시대였다. 농사보다도 시급하고 근본적인 문제는 사람답게 살 수 있는 세상의 평화였다. 아무리 열심히 농사를 지어도 지배층에서 모조리 앗아간다면 소용이 없는 헛수고가 될 뿐이다.

공자학교의 교육목표는 수기치인(修己治人)이다. 먼저 사람이 되는 것이고 인(仁)한 정치를 통해 사람이 살기 좋은 세상을 만드는 것이다. 번지는 공자학교의 학생이었다.

03
호학의 내용

:
:

호학에 이르는 길

앞에서 공자는 윗사람이 예를 좋아하고(호례, 好禮), 의를 좋아하며(호의, 好義), 신의를 좋아하면(호신, 好信) 사람 사는 세상이 될 수 있다고 강조했다. 여기서 윗사람은 덕이 있는 군자다. 군자가 가는 길이 바로 호학의 길이다. 군자가 호학에 이르는 길을 이렇게 제시하였다.

"군자는 먹는 것에서 만족을 추구하지 않고,

거처에서 안락을 추구하지 않는다.

일을 민첩하게 처리하고 말을 신중하게 하며,

도(道) 있는 곳에 나아가 자신을 바로잡으면,

배움을 좋아한다고 할 만하다."

子曰: "君子食無求飽, 居無求安, 敏於事而愼於言, 就有道而正焉, 可謂好學也已."
자왈: "군자식무구포, 거무구안, 민어사이신어언, 취유도이정언, 가위호학야이."
〈학이〉

호학의 길은 크게 지향-생활-탐구의 3단계로 구성된다.

첫째는 진리를 추구하고자 하는 삶의 지향이다. 먹는 것, 자는 것에 집착하지 않고 '식무구포, 거무구안'을 추구하는 안빈낙도의 삶이다. 한마디로 줄이면 무포무안(無飽無安)이다. 공자는 안회가 한 그릇의 밥과 한 바가지의 물로 누추한 곳에서 살면서도 도(道)를 즐기는 삶을 바꾸지 않는다고 칭찬했다.〈옹야〉호학의 길은 물질적인 탐욕이 아니라 정신적인 가치를 실현하는 길이다. 호학의 출발점인 배움의 동기는 '잘 먹고, 잘 사는' 세속적인 출세가 아니라, 도를 즐길 줄 아는 낙도(樂道)의 정신에 있다.

둘째는 맡은 바 소임을 미루거나 회피하지 않고 민첩하게 처리하면서, 말은 신중하게 하는 '민사신언(敏事慎言)'이다. 일상생활의 대부분은 일과 말로 이루어진다. 기본에 충실한 평소의 생활이 곧 배움의 길이다. 특히 군자의 말은 실천의 책임이 담보되어야 하기에 신중에 신중을 기해야 한다고 여러 곳에서 강조했다.

셋째는 끊임없이 진리를 탐구하는 자세인 '취도이정(就道而正)'이다. 도(道)는 도덕, 도리, 진리를 가리킨다. 도가 있는 곳은 크게 두 군데다. 성인의 말씀을 담은 경전과 먼저 깨달은 사람, 곧 스승이라 할 수 있다. 성인의 말씀과 스승의 가르침으로 스스로를 바로 잡고 자기를 완성해 가는 길이 호학이다.

호학은 배움의 동기, 일상생활, 진리 탐구가 하나로 연결된 삶의 과정인 것이다. 경제적 넉넉함이나 안락한 주거를 추구하기보다는 사람으로서의 도리를 먼저 행하고 진리를 통해 스스로를 바로 잡는 과정이 호학의 길이다.

호학의 대명사, 안회

이렇게 호학의 길에서 공자가 유일하게 인정한 제자가 안회이다. 안회를 호학자로 인정한 이유를 들어보자.

애공: 제자들 중에 누가 배우기를 좋아합니까?

공자: 안회라는 제자가 배우기를 좋아했습니다. 그는 화를 남에게 옮기지 않았고, 같은 잘못을 거듭하지 않았습니다. 불행히도 단명하였습니다. 지금은 그런 사람이 없습니다. 배우기를 좋아하는 사람을 듣지 못했습니다.

哀公問: "弟子孰爲好學?" 孔子對曰: "有顏回者好學, 不遷怒, 不貳過. 不幸短命死矣. 今也則亡, 未聞好學者也."
애공문: "제자숙위호학?" 공자대왈: "유안회자호학, 불천노, 불이과. 불행단명사의. 금야즉무, 미문호학자야." 〈옹야〉

공자가 인정한 호학의 실천적 내용은 불천노(不遷怒)와 불이과(不貳過), 두 가지다.

불천노는 자기 자신의 화, 노여움, 분노를 다른 사람에게 전가 시키지 않는 자기 수양의 길이다. 단순히 분풀이, 화풀이를 하지 않는 소극적인 차원을 넘어, 자기 자신으로 인한 사적인 분노와 화가 생기지 않도록 하는 적극적인 수준에 이르는 길이다. 자기의 노여움을 참는 것이 아니라 노여움 자체가 일어나지 않도록 경건하게 자신을 닦는 길이 불천노이다.

불이과는 같은 잘못을 거듭하여 범하지 않는 자기 성찰의 길이다. 같은 잘못을 수없이 반복하는 범인들이 거듭 새기고 익혀야 할 배움이다. 먼저 한 번의 치명적인 잘못부터 봉쇄해야 한다. 한 번의 결정적 실수가 인생을 송두리째 망칠 수 있다는 무서움을 인식해야 한다. 그리고 같은 실수를 반복하는 어리석음의 늪에서 헤어나지 못하면 결국 인생이 파탄 나게 될 것임을 자각해야 한다.

공자는 과즉물탄개(過則勿憚改), 즉 잘못이 있으면 고치기를 꺼리지 말라고 전제하고 이렇게 말했다.

> "잘못을 고치지 않는 것을 바로 잘못이라 한다."
>
> 子曰: "過而不改, 是謂過矣."
> 자왈: "과이불개, 시위과의." 〈위령공〉

잘못은 고치지 못하는 것이 아니라 고치지 않는 것이다. 잘못을 고치지 않는 잘못이야말로 진짜 잘못이다. 잘못은 고쳐야 한다는 것을 알면서도 그 실천이 어렵기 때문에 끊임없이 자기 자신을 성찰하는 공부가 필요한 것이다.

불천노, 불이과가 호학인 이유는 호학이 사람됨의 길이고, 사람으로서의 성숙은 불천노, 불이과에 달려있기 때문이다. 호학은 인을 실현하는 과정이다. 인을 몸에 배게 하는 사람이 호학자이다. 그래서 호학자는 곧 자율적인 지성인인 군자의 특성이다.

04
호학의 실천

⋮

배우지 않으면

배움을 좋아한다는 것은 머릿속의 생각이 아니고 밖으로 드러난 행동이다. 끊임없는 실천의 과정이 수반되지 않으면 불호학(不好學)의 폐단에 빠지게 된다. 공자는 제자 자로에게 불호학의 폐단을 지적한 이른바 육언육폐(六言六蔽)의 가르침을 깨우쳐줬다.

"인(仁)을 좋아하나 호학하지 않으면 어리석게(愚) 되고,
　지혜(知)를 좋아하나 호학하지 않으면 방탕하게(蕩) 되고,
　신의(信)를 좋아하나 호학하지 않으면 사람을 해치게(賊) 되고,
　정직(直)을 좋아하나 호학하지 않으면 각박하게(絞) 되고,
　용기(勇)를 좋아하나 호학하지 않으면 혼란하게(亂) 되고,
　강직(剛)을 좋아하나 호학하지 않으면 광기(狂)의 폐단이 생긴단다."

子曰: "好仁不好學, 其蔽也愚; 好知不好學, 其蔽也蕩; 好信不好學, 其蔽也賊; 好直不好學, 其蔽也絞; 好勇不好學, 其蔽也亂; 好剛不好學, 其蔽也狂."
자왈: "호인불호학, 기폐야우; 호지불호학, 기폐야탕; 호신불호학, 기폐야적; 호직불호학, 기폐야교; 호용불호학, 기폐야란; 호강불호학, 기폐야광." 〈양화〉

덕이 있는 인격자의 덕목인 인, 지혜, 믿음, 정직, 용기, 강직을 좋아한다고 하더라도 배우기를 좋아하지 않으면 어리석음, 방탕, 해침, 각박, 혼란, 광기의 폐단이 생긴다고 지적하였다. 아무리 바람직한 덕목이라고 하더라도 불호학하면 곧 폐단이 생기기 때문에 끊임없는 호학으로 지키고 가꾸어 나가야 한다. 그래서 호학은 어느 지점에 도달하는 성취의 결과가 아니라 지속적인 삶의 과정 속에서 면면히 이어지는 하나의 큰 흐름이다.

숨을 쉬듯이

배움을 좋아한다는 것은 배움에 자기의 전부를 쏟아붓는 것이다. 자신의 시간과 비용과 정력을 투자하고 온 정성을 다하는 것이 호학이다. 제자 자하의 말을 들어보는 것이 좋겠다.

"날마다 모르던 것들을 알아 나가고
 달마다 잘하던 것들을 잊지 않으면
 배우기를 좋아한다고 이를 수 있다."

子夏曰: "日知其所亡, 月無忘其所能, 可謂好學也已矣."
자하왈: "일지기소무, 월무망기소능, 가위호학야이의." 〈자장〉

배움은 곧 앎이다. 배우기를 좋아하면 모르던 것을 알게 되는 것이 지극한 이치이다. 날마다 배우고, 달마다 익혀서 배우기를 멈추지 않기 때문에 잘하는 것을 잊지 않을 수 있다. 어느 순간인들 어디서라도 숨을 쉬듯이 배우는 것이 호학이다. 나날이 새로워지는 일신 우일신(日新 又日新)의 길이다. 호학의 길은 사람이 걸어가는 더없이 아름다운 길이고, 사람이기에 마땅히 가야 하는 천명의 길이다.

제5장

공부의 길

깊어지고 넓어지는 공부

01
스스로 내딛는 첫 발

기회의 균등과 자발성

고대사회에서 교육은 귀족적인 지배계층의 특권적 전유물로 간주되었다. 군주의 왕자나 귀족의 자제들을 대상으로 한 왕관학(王官學)이 교육의 전부였다. 서민들이 교육에 접근할 수 있는 길은 원천적으로 막혀 있었다.

모든 사람이 교육을 받을 수 있는 기회 균등의 맹아는 공자로부터 비롯되었다. 공자는 〈위령공〉 편에서 교육에 차별을 두지 않는 유교무류(有敎無類)의 정신을 천명하였다. 교육의 기회는 신분이나 지위에 관계없이 배우고자 하는 누구에게나 균등하게 부여되어야 한다고 선언했다. 당시 신분제 사회의 한계를 뛰어넘는 가히 혁명적인 선언이다.

교육의 문호 개방은 교육받고자 하는 자의 자발적인 선택을 만나야 의미를 획득한다. 계급적 속박과 제약에서 탈피하여 스스로 원해서 배우고자 하는 사람이 있어야 교육의 기회를 부여할 수 있기 때문이다. 공자학교를 거쳐 간 3,000여 명의 제자들은 자발적으로 청학(請學)의 예를 갖추며 배움을 시작했다.

> "자발적으로 속수의 예를 행한 사람이면,
> 나는 일찍이 가르쳐주지 않은 적이 없다."

子曰: "自行束脩以上, 吾未嘗無誨焉."
자왈: "자행속수이상, 오미상무회언." 〈술이〉

공자학교에서는 속수의 예를 통해 배움을 청했다. 일종의 입학의례이다. 속수(束脩)는 말린 고기 한 축 정도의 최소한의 예물이다. 스스로 자발적으로 행하는 자행(自行)의 청학 의식을 통해, 누구에게나 열려 있는 배움의 기회를 제도화하고, 자발적인 배움의 의지를 공식화했다.

공부가 제도화되어 학교라는 기관이 생성되고 교육이 성립할 수 있었던 요인을 두 가지로 정리할 수 있다. 하나는 기회의 균등이라는 사회적 조건이다. 다른 하나는 자발성이라는 개인적 조건이다. 기회균등과 자발성이 교육의 문을 열었다.

나로부터 시작되고 나로부터 끝난다

아무리 자발적인 의지로 배움을 청했다고 하더라도, 첫 마음을 끝까지 유지하기란 쉽지 않다. 교육의 문호 개방에 따라 배움의 기회가 넓어지니 시류에 편승하여 유행에 따라 공자학교에 입학한 경우가 많았을 것이다. 이 경우는 더더구나 꾸준하고 성실하게 배움을 이어가기가 어려웠을 것이다. 공자는 이렇게 타일렀다.

"흙을 쌓아 산을 만드는 데 비유하자면,

한 삼태기의 흙을 마저 채우지 못해 미완성에 그친 것도

내가 그만둔 것이고,

흙을 메워 평지를 만드는 데 비유하자면,

고작 한 삼태기의 흙을 부었을지라도 나아간 만큼은

내가 진전한 것이다."

子曰: "譬如爲山, 未成一簣, 止, 吾止也; 譬如平地, 雖覆一簣, 進, 吾往也."
자왈: "비여위산, 미성일궤, 지, 오지야; 비여평지, 수복일궤, 진, 오왕야."〈자한〉

완성을 먼저 말하고, 시작을 이어서 말했다. 고지가 바로 저기인데 여기서 그만둘 수는 없지 않느냐고 다독이고 있다. 이제 첫 삽을 떴으니 이미 나아감이 있다고 강조하며, 시작이 절반이라고 격려하고 있다.

여기서 두 가지의 중요한 의미를 파악할 수 있다. 하나는 자기 자신의 주체성이다. 일을 그만두는 것도 자기이고, 나아가는 것도 자신임을 강조한 오지오왕(吾止吾往)의 정신이다. 나아가고 그만두는 사람이 바로 자기 자신이니 누구를 탓하거나 원망해서는 안 된다. 본인 스스로 주체적으로 판단하고 자율적으로 책임을 져야 한다는 것이다.

다른 하나는 포기하지 말라는 것이다. 이제 시작한 경우도, 이미 완성이 가까운 경우도 그 지점에서 포기하면 일은 이루어지지 않는다. 특히 사람됨의 길을 걸어가는 공부의 여정은 포기해서도 안 되고 포기할 수도 없음을 강조하였다.

간절히 애쓰고 미루어 추리하다

교육은 선생과 학생의 상호작용으로 이루어진다. 선생과 학생이 만나 함께 진리를 탐구하고 인격을 도야하는 것이 교육이다. 배움은 탐구를 수행하고 인격을 닦는 학생이 주체가 된다. 배우는 자의 자발적인 의지에서 출발하여 자기 주도적으로 배우고 익히는 것이 교육이다. 공자는 이렇게 말했다.

"배우려고 애태우지 않으면 이끌어주지 않고,
표현해내려고 애쓰지 않으면 일깨워주지 않는다.
한 귀퉁이를 들어주었는데
나머지 세 귀퉁이를 미루어 알지 못하면
반복해서 일러주지 않는다."

子曰: "不憤不啓, 不悱不發. 擧一隅不以三隅反, 則不復也."
자왈: "불분불계, 불비불발. 거일우불이삼우반, 즉불부야." 〈술이〉

오늘날 강조되고 있는 자기주도 학습법의 원조는 공자의 계발식 교육 방법이다. 배우는 자가 먼저 알고 싶어 안달복달하는 마음(분, 憤)을 일으키지 않으면 그 뜻을 열어주지(계, 啓) 않았다. 입 속에서 맴돌 뿐 표현이 되지 않아 어쩔 줄 몰라(비, 悱) 하지 않으면 그 말문을 열어주지(발, 發) 않았다. 먼저 선생이 한 방면의 실마리를 가르쳐주면 나머지 세 방면에 대한 것은 학생 스스로 유추하여 길을 찾도록 하였다.

자기 주도 학습은 그야말로 자기가 주체가 되어 학습하는 것이다. 가르침을 일방적으로 주입하는 것은 학습이 아니다. 배운 것을 무비판적으로 수용하여 무조건적으로 암기하는 것은 공부가 아니다. 길들이기 훈련에 불과할 뿐이다.

〈학이〉편 첫 문장 '학이시습지 불역열호(學而時習之 不亦說乎)'에서 강조하였듯이 배움은 기쁜 것이고 기뻐야 한다. 기쁜 것은 공부하는 주체인 내가 기쁜 것이니 반드시 자기주도학습이어야 배움의 기쁨을 맛볼 수 있다. 공부가 기쁘지 않다면 자기 주도적으로 공부하지 않기 때문일 것이다.

배우고 익히는 기쁨, 학습지열(學習之說)에서 배움 – 익힘 – 희열로 전환되는 교육의 본질을 발견할 수 있다. 배우고 익힘으로써 깨달음의 기쁨을 내면화하는 것이 학습이다. 배운 것을 익히면서 자기 스스로 깨우쳐 온전히 자기 것으로 만드는 '아하! 체험'적 희열을 통해 사람은 사람이 되어간다.

그 사람됨이 바로 나 자신이니 스스로 생각하지 않으면 길은 없다. 학습은 자기 자신으로부터 비롯된다. 자기 머리로 생각하지 않으면 터득할 수 없고, 자기의 언어로 표현하지 않으면 앎이 깊어지지 않는다. 선생은 거들 뿐 공부는 스스로가 한다.

그럼에도 이런 경우가 반드시 발생한다. 공자는 이렇게 탄식했다.

"'어떻게 하면 좋을까, 어떻게 하면 좋을까'하며
　애쓰지 않는 사람이라면,
　나도 정말 어떻게 할 수가 없도다."

子曰: "不曰 '如之何如之何' 者, 吾末如之何也已矣."
자왈: "불왈 '여지하여지하' 자, 오말여지하야이의." 〈위령공〉

스스로 방법을 찾으려고 애쓰지 않는 사람에 대해서는 공자도 어떻게 가르침을 주어야 할지 모르겠다고 안타까워한다. 배우고자 하는 의지가 배움의 전제이다. 배움에 대한 동기부여는 스스로 하는 것이지 남이 쥐어주는 것이 아니다.

핑계는 스스로를 망칠 뿐이다.

하지만 이런 경우는 더욱더 난감하다. 교묘한 핑계로 자신을 속이고 선생을 속이는 구제불능의 늪에 빠지게 된다. 〈옹야〉편에 실려 있는 대화록이다. 천천히 꼭꼭 씹어서 읽어보자.

염구: 제가 선생님의 도(道)를 기뻐하지 않는 것이 아닙니다. 제 능력이 부족합니다.

공자: 능력이 부족한 사람이란 할 수 있는 데까지 최선을 다해 해보다가 중도에 그만두는 사람이다. 헌데 너는 지금 해보지도 않고 아예 못 한다고 미리부터 선을 그어놓고 있구나.

冉求曰: "非不說子之道, 力不足也." 子曰: "力不足者中道而廢, 今女畵."
염구왈: "비불열자지도, 역부족야." 자왈: "역부족자중도이폐, 금여획." 〈옹야〉

염구의 핑계가 가소롭게 들린다. 공부하기 싫으면 공부하기 싫다고 떳떳하게 말하지 못하고 비루한 핑계를 대고 있는 것이다. 선생님의 가르침에 대하여 기뻐한다고 고백했음에도 불구하고, 능력이 부족해 못하겠다는 이율배반적인 변명을 하고 있다. 기뻐하면 잘하려고 노력하는 것이 인지상정이다. 기쁜 일임에도 불구하고 해 보지도 않고, 진심전력으로 노력하지도 않고, 능력이 부족해 못하겠다고 미리 한계를 설정하여 회피하려는 것은 비겁한 짓이다.

지금도 많이 쓰이고 있는 '역부족(力不足)'이란 말의 출처가 이 구절이다. 역부족은 언뜻 들으면 능력 부족을 스스로 인정하는 겸손의 말처럼 들리지만, 대개의 경우 자기가 하기 싫은 일을 회피하기 위한 교묘한 핑계에 불과할 때가 많다. 어렵고 힘든 일일수록 해야 하는 이유보다도 하기 싫은 이유가 많은 법이다. 의욕적으로 시작을 했다 하더라도 이내 포기하고 마는 작심삼일에서 가장 먼저 찾는 것이 자기 합리화의 변명과 핑계이다.

　능력 부족의 핑계를 대기 이전에 능력을 키우는 노력이 먼저다. 염구는 '공문 10철'이라 불리는 공자의 10대 제자에 뽑힌 제자다. 더구나 노나라 실권자인 계씨의 가신으로 누구보다도 출세한 제자다. 염구의 역부족은 비겁한 핑계일 뿐이었다.

02
익어가는 공부

．
．
．

공부의 출발점

공자는 아홉 살 아래의 우직하고 용맹스러운 제자, 친구 같은 제자인 자로(子路)를 불러 '안다는 것'에 대하여 가르쳐줬다. 묻지도 않았는데, 일부러 불러서 가르침을 준 것은 상당히 특이한 사례이다. 논어에 나타난 공자의 어록은 대부분 제자나 사람들의 질문에 답하는 내용이다. 누군가가 먼저 묻지 않으면 가르침을 말하지 않았음에도 불구하고, 먼저 자로에게 다가가 이렇게 말했다.

"자로야, 안다는 것이 무엇인지 가르쳐줄까?

아는 것은 안다고 하고,

모르는 것은 모른다고 하는 것,

이것이 앎이다."

子曰: "由, 誨女知之乎? 知之爲知之, 不知爲不知, 是知也."
자왈: "유, 회여지지호? 지지위지지, 부지위부지, 시지야." 〈위정〉

아는 것을 안다고 하고, 모르는 것을 모른다고 하라는 상식적이고 평범한 말씀이 수천 년 동안 깊은 울림으로 회자 된다. '아는 것은 안다, 모르는 것은 모른다'고 말하는 지극히 쉽고도 당연한 이치가 사실은 어렵고도 특별한 일이다. 그 이유를 두 가지 측면에서 생각해 볼 수 있다.

하나는 지적 정직성의 결여이다. 아는 것이 아니라 아는 척하는 경우이다. 몰라도 아는 척하며 자기를 속이고 남을 속이는 것이다. 체면, 개인적인 이익, 외부적인 강요 등의 이유로 의도적으로 자신을 지적으로 위장하는 것이다. 이 경우는 인격적으로 하자가 있기 때문에 일고의 가치가 없다.

다른 하나는 무능으로 인해 무지를 자각하지 못하는 경우이다. 정말 몰라서, 모르는 것을 아는 것으로 착각하는 경우이다. 더닝─크루거 효과(Dunning-Kruger effect)에 의하면 무지한 사람일수록 자신은 무지하지 않다고 확신하는 인지적 편향이 강하다고 한다. 자신을 객관적으로 바라볼 수 있는 능력이 부족하기 때문에 나타나는 현상이다. 무엇을 모르는지를 모르는 것이 문제인 것이다.

공자는 자로에게 무식하면 용감하고, 빈 수레가 요란하니, '너 자신을 알라'고 일깨워준 것이다. 아는 척 하기 이전에 자신의 무지부터 자각하라고 충고한 것이다.

공부는 '여기'서 '저기'로 가기 위한 자기 변화의 과정이다. 여기가 어디인지를 모르면 저기로 나아갈 수 없다. 배움은 자기가 처한 처지를 정확히 아는 것에서부터 시작된다. 자기의 위치를 바르게 파악하기 위해서는 솔직해야 한다. 모르면서 아는 척하다가는 앎도 잃고, 삶의 방향도 잃고, 자기 자신도 잃게 된다.

모든 공부는 지적 정직성과 무지의 자각이 출발점이다. 공부는 무지의 발견이다. 모르는 것을 알았으니 배워야 한다. 무지를 알았으니 배우면 된다. 그래서 평생토록 멈추지 않고 배워야 한다.

무지의 자각을 위해서 노벨 물리학상 수상자 리처드 파인만이 제안한 '백지 공부법'을 활용할 만하다. 먼저 백지 위에 자신이 알고 있는 내용을 적어보라. 그리고 다른 사람에게 설명하듯이 개념을 연결하여 쉽고 간결하게 설명할 수 있으면 아는 것이라고 했다. 이 과정을 통해 자신이 알고 있는 것과 모르는 것을 분명하게 인식할 수 있도록 도와준다. 자신의 위치 파악에 효과적인 방법이라 할 수 있다.

공부가 익어가네

사실 앎은 하나가 아니다. 더군다나 아는 것과 모르는 것은 경계가 분명한 물질적 영역도 아니다. 인식론적으로는 알기도 하고, 모르기도 하는 애매모호한 경계가 보편적이다. 몰랐다가도 아는 경우는 배움의 힘이지만, 알다가도 모르는 일이 비일비재한 것이 앎이다. 끊임없는 앎의 탐구가 요청되는 이유이다.

그래서 진정한 앎은 맞고 틀리고의 이분법적 정답에 매여 있는 것이 아니다. 앎은 정도의 문제다. 공부가 익어가는 수준, 앎이 깊어지는 수준이 핵심이다. 공자는 이렇게 말했다.

"아는 것은 좋아하는 것만 못하고,
  좋아하는 것은 즐기는 것만 못하다."

子曰: "知之者不如好之者, 好之者不如樂之者."
자왈: "지지자불여호지자, 호지자불여락지자."〈옹야〉

앎의 수준을 아는 것, 좋아하는 것, 즐기는 것으로 제시했다. 배움이 익어가는 3단계라 할 수 있다. 즐기는 경지가 되어야 진정한 앎을 누릴 수 있다는 것이다.

주자는 "알기만 하고 좋아하지 못하면 앎이 불철저한 것이고, 좋아하기만 하고 즐김에 미치지 못하면 좋아함이 불철저한 것"이라고 했다. 다산은 "안다는 것은 듣고 그 선함을 아는 것이고, 좋아한다는 것은 행하여 그 맛을 기뻐하는 것이며, 즐긴다는 것은 얻어서 그 만족함을 누리는 것"이라 했다. 선현의 가르침을 들어야 알게 되고, 아는 것을 행해야 좋아하게 되고, 깨달음을 얻어야 즐기게 된다는 의미이다. 아는 만큼 보이고, 보이면 좋아하게 되고, 좋아하면 즐기게 된다.

지(知) – 호(好) – 락(樂)은 곧 배움(學) – 익힘(習) – 희열(說)로 전개되는 배우고 익히는 기쁨을 공부가 익어가는 수준의 차원에서 설명한 것이다. 앎은 단순히 그냥 앎에서 그치는 앎이 아니라, 좋아함으로, 즐김으로 점점 익어가는 앎이 되어야 좋은 앎이 된다. 그 앎의 공부가 위기지학이고, 그것을 배우기를 좋아하는 것이 호학이다.

즐기는 공부로 가는 길

아는 공부, 좋아하는 공부의 단계를 넘어 즐기는 공부의 단계에 이르기 위해서는 생활 속의 공부가 되어야 한다. 공부와 삶의 사이가 떨어져서 관계가 끊어지면 지혜가 숙성될 수 없다. 삶과 공부가 하나가 되어 문질빈빈하게 어울릴 때 배움은 깊어진다. 공자는 이렇게 말했다.

"제자들아, 집에 들어오면 효도하고 밖에 나가면 공경하며,
행실을 삼가고 말을 믿음성 있게 하며,
널리 사람을 사랑하며 인한 사람과 친하게 지내야 한다.
이렇게 행하고 남은 힘으로 문(文)을 배워야 한다."

子曰: "弟子, 入則孝, 出則弟, 謹而信, 汎愛衆而親仁, 行有餘力, 則以學文."
자왈: "제자, 입즉효, 출즉제, 근이신, 범애중이친인, 행유여력, 즉이학문." 〈학이〉

지식 공부보다는 먼저 이미 배운 도(道)를 생활 속에서 실천하는 역행(力行)을 강조한 배움의 지침이다. 사람됨의 기본 도리인 효와 공경을 실천하고, 평소 생활 속에서 말을 신중하게 하며 인한 사람과 친하게 지내는 것이 우선이라는 것이다. 문(文) 공부는 이렇게 사람됨을 실천하고 남은 힘이 있을 때야 비로소 하는 것이라고 일러주었다. 문은 공자학교에서 가르친 시경, 서경, 예악 등을 이른다. 일반적인 학문으로 이해해도 된다.

역행은 실천과 배움의 중용적 균형이다. 존 듀이가 강조한 행하면서 배우는 것(Learning by doing)이다. 사람됨의 인을 일상에서 행하는 실천이 덕행이다. 덕행이 문을 배우는 학문(學文)에 앞선다. 덕행의 실천 속에 학문이 녹아들어야 즐기는 공부가 될 수 있다.

공부! 공부! 하면서 오직 지식 공부, 학교 공부에만 올인하는 요즘 세태에는 잘 와닿지 않는 말일 것이다. 사람됨의 공부를 잊고 살기 때문이다. 율곡 이이는 『격몽요결』에서 "학문을 하지 않으면 사람다운 사람이 되지 못한다"고 전제하고, "학문의 요체는 일상생

활에서의 행실이 사람됨에 가장 적합한 상태를 이루도록 하는 것"
이라고 설파했다.

우리가 공부하는 이유는 사람답게 살기 위해서다. 사람다운 사람
으로 거듭나, 사람답게 사는 좋은 세상을 만나기 위한 것이다.

우리의 공부는 안녕한가를 묻는다.

공부만하는 우리는 안녕한가를 묻는다.

03
공부는 이렇게 한다

:
:

배움과 생각은 하나다

교육이 인류의 역사에 등장한 이래로 수많은 공부법이 발명되고 확산되어 왔다. 지금 이 순간에도 새로운 공부법이 개발되고 소개되고 있을 것이다.

배움의 교과서, 공부의 지침서라는 명성에 걸맞게 『논어』는 공부론의 보고(寶庫)이다. 두고두고 음미하고 실천할 만한 효과적인 공부법이 넘친다. 21세기에도 여전히 유효한 공부법이 다양하다. 오히려 오늘날 되새기고 복원해야 할 공부에 대한 지혜가 풍부하다.

그 가운데 백미는 배우고 생각하는 학이사(學而思)이다. 공자는 이렇게 가르침을 주었다.

“배우기만 하고 생각하지 않으면 얻는 것이 없고,
 생각만 하고 배우지 않으면 위태롭게 된다.”

子曰: “學而不思則罔, 思而不學則殆.”
자왈: “학이불사즉망, 사이불학즉태.”〈위정〉

공부에 있어 배움과 생각은 이분법적으로 나눌 수 없다. 배움 속에 생각이 있고, 생각 속에 배움이 있어야 한다. 배우면서 생각하고, 생각하면서 배워야 한다. 모든 공부는 이 원리에서 벗어나지 않는다. 옛날이든 지금이든, 동양이든 서양이든, 학교에서든 집에서든 무엇인가를 공부한다는 것은 배움과 생각의 조화와 상호 작용으로 이루어진다.

배움의 출발은 받아들이는 것이다. 자기 밖에 있는 객관적 지식과 정보와 가르침을 받아들임으로써 배움이 촉발된다. 받아들인 지식은 이해와 판단의 사고 작용을 거쳐 의미 있는 자기의 지식으로 재구성된다. 배움이 이루어지는 순간이다.

생각 없는 배움은 굴레가 되고, 배움 없는 생각은 독단이 된다. 생각하지 않는 배움으로는 자기를 형성할 수 없다. 자기의 생각을 거치지 않는 지식은 맹목적인 추종을 낳는다. 주입식 교육의 폐해는 생각을 하지 않음에 있다. 자기의 마음으로 탐구하지 않으므로 어두워서 자기의 지식으로 체계를 세울 수 없으며, 결국 아무것도 얻는 것이 없는 헛수고가 된다.

배우지 않는 생각으로는 자기를 내세울 수 없다. 합리적 근거가 없는 주장이나 객관적으로 증명하지 못하는 오류나 독단에 빠질 위험이 있기 때문이다. 자기도 모르는 미망의 세계에 갇히기 쉽기 때문이다.

배우면서 생각하고, 생각하면서 배우기는 모든 공부의 본질이다. 생각과 배움, 배움과 생각은 처음부터 끝까지 함께 작동하는 하나의 원리이다.

배움 기반 생각

한편으로 공자는 그래도 '먼저 배워라', '배움에서 출발하라'라고 충고했다. 생각은 배움을 기반으로 일어나는 것이기에 '배움 기반 생각'이 되어야 한다고 강조했다.

> "내가 일찍이 종일토록 먹지도 않고 밤새도록 자지도 않으면서 생각에만 골몰해본 적이 있는데, 별로 유익한 것이 없었다. 배우는 것만 같지 못하더라."
>
> 子曰: "吾嘗終日不食, 終夜不寢, 以思, 無益, 不如學也."
> 자왈: "오상종일불식, 종야불침, 이사, 무익, 불여학야." 〈위령공〉

관념적이고 형이상학적인 생각보다는 실천적이고 현실적인 배움을 중시한 것이다. 공자의 사고를 굳이 서양 철학의 인식론으로 본다면 관념론보다는 경험론적이다. 이상주의보다는 현실주의에 기반하여 사고를 전개한다.

공자는 실제적인 교육적 경험을 강조하고 일상에서의 실천을 역설한다. 공자의 사상적 힘의 원천은 배움이고 경험이고 실천에서 나온다.

여기서 오해하면 안 되는 중요한 것이 있다. 공자가 '생각은 무익하다'고 하였다고 오해하면 안 된다. 공자가 비판한 생각은 '먹지도 자지도 않고 오직 생각만 하는 허구적인 생각'이다. 배움에 근거하지 않은 생각을 무익하다고 한 것임을 분명하게 인식해야 한다. 망상이나 공상은 배움에 근거한 생각이 아니다.

학이사(學而思)에서 말했듯이 생각과 배움은 하나다. 배움의 과정 모든 순간에 생각이 이루어져야 한다.

완전학습이론을 주장한 미국의 교육심리학자 벤저민 블룸은 교육의 목표를 지식, 이해, 적용, 분석, 종합, 평가의 순서로 계층화하여 분류하였다. 단순하고 낮은 차원의 공부일수록 정보지식, 명제적 지식, 참과 거짓의 정답이 있는 지식을 받아들이는 공부가 중점이다. 하지만 복잡하고 높은 수준으로 올라갈수록 응용하고 판단하는 생각이 더욱 중요해진다. 생각이 공부의 대부분을 차지하는 지혜의 수준으로 깊어지기 때문이다.

공부에는 익히는 공부, 본받는 공부, 행하는 공부, 깨닫는 공부 등 다양한 공부가 존재한다. 핵심은 배움과 생각이 관계하는 폭과 깊이이다. 배움이 깊어질수록 생각도 깊어진다.

사실 생각은 생각보다 어렵다. 생각하는 법은 반드시 따로 배워야 한다. 생각에 대하여 다시 생각해 봐야 한다. '생각에 대한 생각'을 해봐야 한다. 생각하기도 배워야 제대로 생각할 수 있다. 생각은 누구나 하지만, 누구나 잘 생각하는 것은 아니다.

생각 사(思)는 밭 전(田)과 마음 심(心)이 만들어내는 창조의 세계이다. 생각은 마음의 밭을 가는 것이며, 마음으로 밭을 가는 것이다. 밭갈이는 인간만이 할 수 있는 역동적이고 실천적인 행위이다.

또한 생각은 생각(生覺), 즉 깨달음이 생기는 것이다.

창의적 사고

생각과 배움의 깊이를 가장 울림 있게 통찰한 지혜가 바로 그 유명한 온고지신(溫故知新)이다. 누구나 익히 아는 구절이지만 그 의미는 심장하다.

"옛것을 익혀 새것을 알면 스승이 될 수 있다."

子曰: "溫故而知新, 可以爲師矣."
자왈: "온고이지신, 가이위사의." 〈위정〉

학이사(學而思)의 자세는 온고지신으로 꽃핀다.

온고지신은 단순히 복습 철저가 아니다. 과거 예찬이 아니며, 과거의 문물을 배운다는 의미가 아니다. 전통의 무비판적 수용이 아니며 무조건적 계승이 아니다.

온고지신은 배운 것을 잘 익혀서 자기의 것으로 재창조한다는 의미이다. 교육적 성장의 보편적 과정인 '형성 – 해체 – 재형성'의 과정을 함축한다. 먼저 배움이 있어야 하고, 그 배움을 스스로 해체하여, 자기 힘으로 재형성함으로써 교육적 성장이 이루어진다.

주자는 "'온(溫)'은 찾고 연역하는 것이며, '고(故)'는 예전에 들은 것이고, '신(新)'은 지금에 새로 터득한 것"이라고 풀이했다. 학습의 보편적 과정이 담겨있다.

온고지신은 이미 배운 것을 마음속으로 반추하고 숙고하여 새로운 진리를 깨닫는 것이고, 새로운 경지를 터득하는 것이다. 기존의 배움을 자기 스스로 끊임없이 되새김함으로써 새로운 차원을 개척하는 것이다.

온고지신은 계승과 단절을 통한 질적 도약이다. 버릴 것은 버리고 취할 것을 취하면서 새로운 것을 창조하는 이치이다. 이 과정을 통해 과거와 현재와 미래가 하나의 문명적 세계로 지평을 공유한다.

또한 온고지신은 스승됨의 덕목이다. 스승은 단순히 정보를 전달하고 지식을 주입하는 자리가 아니다. 스승은 온고(溫故)의 비판적 사고와 지신(知新)의 창의적 사고로 새로운 가치를 창출하는 사람이다. 진정한 스승은 비판적 창조자의 위치에 있다.

몰입이 공부다

생각하고 창조하는 온고지신은 몰입의 과정이 있어야 가능하다. 마음속에 품어서 생각하고 또 생각하는 몰입의 체험을 통해 깨달음에 이르는 경지이다.

공자는 스스로를 몰입하는 사람이라고 소개했다. 섭공이라는 초나라 속국의 대부가 자로에게 공자의 사람됨에 대하여 물었다. 그런데 자로는 대답하지 안 했는지, 못했는지 아무 말이 없었다. 이를 듣고 공자가 이렇게 말했다.

> "너는 왜 '그 위인은, 분발하면 밥 먹는 것도 잊고, 즐거움으로 근심도 잊으며, 곧 늙음이 닥쳐온다는 사실조차도 알지 못하는, 그런 사람일 뿐입니다'라고 말하지 않았느냐?"
>
> 子曰: "女奚不曰: '其爲人也, 發憤忘食, 樂以忘憂, 不知老之將至云爾'?"
> 자왈: "여해불왈: '기위인야, 발분망식, 락이망우, 부지로지장지운이'?" 〈술이〉

공자의 자화상이자 공부의 핵심 원리를 말하고 있다. 공부는 이런 것이다. 자신의 무지를 자각하면 분발하여 밥 먹는 것조차도 잊을 정도로 배움에 몰입하는 것, 배움으로 터득하는 기쁨과 새로이 깨닫는 즐거움으로 걱정도 근심도 잊을 수 있는 것, 끝내는 시간이 가는 줄도 모르고 세월이 흘러가는 것조차도 느끼지 못하는 경지가 공부다. 여기서 출발점이자 핵심은 발분망식(發憤忘食)이다. 밥조차 잊을 수 있는 몰입이 공부다. 끼니까지도 잊을 정도로 열중하여 노력하는 경지이다.

퇴계가 공부의 근본으로 강조한 주일무적(主一無適)이 몰입이다. 주일무적은 마음을 오로지 한곳에 집중해 다른 잡생각을 일으키지 않는 것이다. 현대 몰입이론의 대가 미하이 칙센트미하이는 몰입을 플로우(flow)라고 규정했다. 플로우는 오직 하나에 온전히 빠져들어 시간도 대상도 자아도 잊어버리는 물아일체(物我一體)의 더없이 자연스러운 '흐름'이다.

몰입은 애태우는 마음에서 비롯된다. 간절하고 절실한 마음이 공부의 시작이다. 자신의 무지와 지적 결핍에 대한 분한 마음이 생기면 절절하게 애태우기 마련이다. 공자는 이렇게 말했다.

"배울 때는 미치지 못할까봐 애태우듯이 해야 하고,
　배운 것은 잃어버릴까봐 두려워하듯이 해야 한다."

子曰: "學如不及, 猶恐失之."
자왈: "학여불급, 유공실지." 〈태백〉

공부는 애태우고 두려워하는 마음으로 하는 것이다. 여불급(如不及)은 이해하지 못할까봐 애태우며 간절한 마음으로 배우는 것이다. 공실지(恐失之)는 배운 것을 지키지 못할까봐 두려워하면서 절실한 마음으로 익히는 것이다.

공부에 몰입할 때, 터득의 즐거움으로 시름을 잊는 낙이망우(樂以忘憂)의 세계에 스며들 수 있다.

사람은 몰입하는 그 무엇이다.

04

공부의 꽃

질문 배우기

공부를 잘하기 위해서는 먼저 학문(學問)이 무엇인지를 알아야 한다. 공부는 주로 학문을 하는 것이기 때문이다. 학문의 의미를 모르고 하는 공부는 사상누각에 불과할 뿐이다.

학문의 어원은 중용의 '박학(博學), 심문(審問), 신사(愼思), 명변(明辨), 독행(篤行)'에서 왔다. 널리 배우며, 자세히 물으며, 신중히 생각하며, 명확히 변별하며, 독실하게 실천하는 일련의 과정이 학문이다. 배우는(學) 것의 핵심은 질문(問)에 있으며, 질문으로 생각(思)이 깊어지고, 생각을 통해 판단(辨)을 하며, 신중한 판단이 있어야 행(行)하게 된다. 학-문-사-변-행이 곧 학문이다. 그 중에서도 널리 배우며, 자세히 묻는 것을 강조하여 학문(學問)이라고 했다.

또한 학문의 의미를 질문의 관점에서 파악할 필요가 있다. 학문(學問)은 배울 학(學), 물을 문(問)의 유기적 구성체이다. 시, 서, 예, 악의 문(文)을 배우는 것을 학문(學文)이라고 지칭하듯이 질문의 문(問)을 배우는 것이 학문(學問)이다.

질문 배우기가 학문(學問)이다. 그 학문을 하는 것이 공부다. 따라서 공부는 곧 질문을 배우는 것이다. 질문은 스스로 하는 것이기에 공부 역시 스스로 하는 것이다.

공부는 질문하는 힘이다. 질문을 배우고 질문을 만드는 것이 공부다. 정답을 추구하기보다는 질문을 추구한다. 진리에 대한 질문이다. 중요한 것은 얼마나 많이 알고 있느냐가 아니라 사실을 판단할 수 있는 능력이며, 사실의 핵심을 파악하고 질문할 수 있는 능력이다. 알버트 아인슈타인은 문제해결에 주어진 시간이 1시간이라면, 55분을 질문을 찾고, 질문을 만드는 데 쓸 것이라고 했다. 문제의 발견이 곧 문제의 해결이다. 문제는 질문으로 발견한다.

스스로 질문을 만들고, 주체적으로 질문을 제기하는 공부가 고등한 공부이다. 모든 탐구는 질문으로 시작되며, 질문을 갖지 않는 한 탐구는 이루어지지 않는다.

질문 혁명

사실, 질문의 대가, 질문 공부의 원조는 공자다. 공자는 질문으로 문명의 문을 열었다.

공자는 태묘에 들어가면 매사를 물었다.
어떤 사람이 말했다.
"누가 추인의 아들이 예를 안다고 했는가? 태묘에 들어서는 매사를 묻더라."
공자가 그 말을 듣고 말했다.

"이것이 바로 예다."

子入大廟, 每事問. 或曰: "孰謂鄹人之子知禮乎? 入大廟, 每事問." 子聞之曰: "是禮也."
자입태묘, 매사문. 혹왈: "숙위추인지자지례호? 입태묘, 매사문." 자문지왈: "시례야."
〈팔일〉

예(禮)의 대가인 공자가 '묻는 것이 예'라고 선언했다. 예의 탁월한 이론가이자 실천가이며 전도사인 공자가 물음을 예의 반열에 올린 것은 의미가 심장하다.

묻는 행위를 겸손으로 간주하여 '예란 겸손한 것임을 말한다'는 일반적 해석은 지나치게 겸손한 것이며, 큰 뜻을 축소하여 왜곡한 것이 된다. 〈향당〉 편에서도 "입태묘 매사문(入大廟 每事問)"이라고 이 장면을 요약하여 반복하고 있다. 이 구절은 단순히 겸손을 말한 것이 아니다.

물었다, 매사를! 물음이 핵심이다. 그것도 자그마치 매사를 물었다. 물음은 체면치레용 허례가 아니라 '앎을 대하는 예'이다.

매사 문(每事 問)!

실로 인류 문명의 새로운 차원을 개척한 인식론적 혁명이다. 물음을 통해 점복(占卜)에 의지하던 주술의 시대, 신화의 세계에서 질문으로 탐구하는 학문의 시대, 실제의 세계로 전환하였다.

고대 사회는 매사 복(每事 卜)의 시대였다. 갑골 조각을 통해 조상의 영혼에 기도하고 일의 길흉을 점쳤다. 천지신명에게 기도하고 계시를 받았다. 갑골의 해석을 통해 길을 밝혔다.

공부로 인하여 매사 문(每事 問)의 시대가 열렸다. 자연이 아니라 학문에 물었고, 갑골이 아니라 죽간에 물었으며, 조상이 아니라 역사에 물었다.

특히 공자는 선왕의 도(道)를 묻고, 문명을 물으며 사문(斯文)을 밝히고, 사람다움을 물으며 사도(斯道)를 열었다. 물음의 패러다임을 전환시켰다. 21세기 '디지털 전환' 이전에 기원전 5세기에 '질문의 전환'이 있었던 것이다.

사람만이 묻는다. 사람만이 물을 수 있다. 사람이니까 물어야 하고, 물어야 사람이다. 인류의 문명은 '질문하는 인간'이 만들어 왔다. 질문하는 인간이 역사의 수레바퀴를 굴려왔다.

불치하문

물음에 대한 뿌리 깊은 편견에서 벗어나야 한다. 물음은 수치가 아니라 자존이다. 물음을 부끄러워하는 것은 자신에 대한 모욕이다. 묻지 않으면 영원히 무지의 늪에서 탈출할 수가 없다. 제자 자공과의 대화를 통해 물음에 대하여 다시 생각하게 된다.

> 자공: 공문자는 무엇 때문에 '문'이라는 시호를 받았습니까?
> 공자: 영민하면서도 배우기를 좋아하고, 아랫사람에게 묻는 것을 부끄러워하지 않았다. 그래서 '문'이라고 한 것이다.

子貢問曰: "孔文子何以謂之文也?" 子曰: "敏而好學, 不恥下問, 是以謂之文也."
자공문왈: "공문자하이위지문야?" 자왈: "민이호학, 불치하문, 시이위지문야." 〈공야장〉

공자는 호학다문(好學多問)형 인간이었다. 영민하면서도 배우기를 좋아하고, 아랫사람에게 묻는 것을 부끄러워하지 않는 민이호학 불치하문(敏而好學 不恥下問)은 최상의 평가이다.

물어야 한다. 매사에 물어야 한다. 이것의 의미를 묻고, 저것의 가치를 물어야 한다. 누구에게라도 물어야 한다. 스승에게도 묻고, 제자에게도 물어야 한다. 윗사람에게도 묻고, 아랫사람에게도 물어야 한다. 사람들에게도 묻고, 스스로에게도 물어야 한다. 역사에도 묻고, 미래에도 물어야 한다. 시에도 묻고, 과학에도 물어야 한다. 네게도 묻고, 내게도 물어야 한다.

질문이 실종된 이 시대에 우리는 다시 절실히 물어야 한다. 인간다운 인간이란 어떤 인간인가? 가장 가치 있는 지식은 어떤 지식인가? 인류의 미래는 안녕한가?

나는 누구인가를 물어야 하고, 나는 이대로 살아도 괜찮은가를 물어야 한다. 화가 폴 고갱은 그림을 통하여 이렇게 물었다. "우리는 어디에서 왔는가? 우리는 누구인가? 우리는 어디로 가는가?" 마음이 이유 없이 울적하거나 심란할 때 고갱의 이 그림을 보면 질문의 힘을 느낄 수 있을 것이다.

괄호치기와 괄호풀기

그대도 무엇을 물을 것인가에 대하여 생각해봐야 한다.

공자는 제자 자장이 관직을 얻는 법을 배우려고 할 때, 이렇게 가르침을 주었다.

"많이 듣되 의심스러운 것은 일단 보류하고,
　그 나머지를 신중하게 말하면 실수가 적을 것이다.
　많이 보되 미심쩍은 것은 일단 보류하고,
　그 나머지를 신중하게 실행하면 후회가 적을 것이다."

子張學干祿, 子曰: "多聞闕疑, 愼言其餘, 則寡尤; 多見闕殆, 愼行其餘, 則寡悔. 言寡尤, 行寡悔, 祿在其中矣."
자장학간록, 자왈: "다문궐의, 신언기여, 즉과우; 다견궐태, 신행기여, 즉과회. 언과우, 행과회, 록재기중의." 〈위정〉

공자가 관직에 나가기 위해서는 "말에 실수가 적고, 행동에 후회가 적으면, 관직은 그 가운데 있다"며 제시한 두 가지에 대하여 주목할 필요가 있다.

하나는 다문다견(多聞多見)이다. 많이 듣고, 많이 보면서 일단 견문을 넓히라는 주문이다. 실제적 경험을 중시하는 공자의 가르침이다.

다른 하나는 궐의궐태(闕疑闕殆)이다. 의심스러운 것, 미심쩍은 것은 비워두라는 주문이다. '궐(闕)'이 중요하다. 궐은 어떤 것을 비워두고, 빼놓는 것이다. 일종의 '괄호치기'라고 할 수 있다. 고대 그리스 철학에서 '판단 중지'를 뜻하는 '에포케(epoché)'와 일맥상통한 의미다.

의심나는 것, 미심쩍은 것을 충분히 고찰하여 전모를 확실히 파악하기도 전에 자신의 선입견과 상상력을 동원하여 억지로 끼워 맞추기를 하면 반드시 문제가 생긴다. 잘못된 의미 부여가 잘못된 판단을 불러오고 결국 일을 그르치게 된다.

〈자로〉 편에서 공자는 "군자는 자기가 모르는 것에 대하여 대체로 의문부호로 남겨두는 법이다(君子於其所不知, 蓋闕如也. 군자어기소부지, 개궐여야.)"라고 하였다. 의문부호를 남겨두는 것이 판단 중지이며 괄호치기다.

괄호친 의문은 질문으로 풀어야 한다. 의문에 대한 괄호풀기는 질문에서 시작된다. 의심나는 것을 해소하기 위해서는 질문이 최선이다. 질문을 통해 의심의 원인을 찾고 의문의 의미를 이해한다. 문제를 발견함으로써 문제를 해결하는 길에 이르게 된다.

1일 1문

〈1일 1문〉 다이어리를 만들자.

'질문을 기록하자'. '질문을 소중하게 관리하자.'

하루에 한 가지 정도의 '나의 질문'을 기록하는 〈1일 1문〉 다이어리를 만들어 보기를 권유한다. 어떤 질문이라도 좋다. 어떤 형식이라도 괜찮다. 누구나 물음을 안고 산다. 저건 뭐지? 그건 왜 그렇지? 이건 어떻게 하지? 일상에서 문득문득 떠오르는 수많은 물음들이 섬광처럼 사라진다.

그 물음들 가운데 하나를 골라 그냥 노트에 적어두기만 하면 된다. 숙제하듯이 억지로 하는 것이 아니다. 누구에게 보여주기 위해 꾸밀 필요도 없다. 그냥 자기의 물음을 하루에 한 가지 정도씩 기록해 두는 것이다. 단 몇 줄 이내로 핵심 요지만 적는 것이 좋다. 길어지면 부담스럽고 귀찮아지기 때문이다.

애써 답을 구하지 말고, 그냥 질문을 적어 두기만 해야 한다. 답에 집착하면 스트레스가 된다. 부담이 되면 오래 할 수가 없다. 오래 오래하기 위해서는 가볍게 가볍게 가야 한다.

매일매일 기록한 자기 질문이 쌓이다보면 변화가 나타날 것이다. 생각이 생각을 낳으며, 질문이 질문을 만들며 '질문하는 인간'으로 전환될 것이다. 질문이 스스로 진화하고 있음을 느낄 것이다. 답을 구하지 않았음에도 답이 보이고, 답을 적지 않았음에도 마음속 다이어리에 답이 기록될 것이다. 〈1일 1문〉 다이어리가 채워질 수록 나도 모르게 창의적인 인재로 거듭나고 있음을 느낄 수 있을 것이다.

〈1일 1문〉 다이어리는 질문으로 만들어가는 나의 역사다. 세상에 하나 밖에 없는 나만의 질문 풀(pool)을 만드는 것이다. 질문으로 엮어가는 나의 스토리를 갖는 것이다. 한번 시도해 봄 직하지 않은 가. 질문이 사람을 만든다.

제6장

평화의 길

사람답게 사는 좋은 세상 만들기

01

세상읽기

.
.
.

세상을 보다

사람은 모여서 사는 존재이고, 모여서 뜻을 이루는 존재이다. 사람들이 모여서 공동체를 구성하고, 공동체를 통해 사람들의 뜻을 이루어가는 것이 정치다.

일찍이 아리스토텔레스도 말했듯이, 사람은 숙명적으로 사회적 존재이자 정치적 존재이다. 사람은 사람답게 살기 위해 함께 공동체를 건설하고, 공동체의 유지, 발전을 위한 정치를 펼친다. 사회 – 정치적 참여는 사람의 천부적 권리이자 의무이다.

특히 어떠한 이유에서든지 사회가 병들고 정치가 마비되었을 때, 사람으로서의 권리와 의무는 '하늘의 명'으로 전환된다. 공자가 50대에 알아들은 천명(天命)이다. 그는 50대 초반에 법률과 토목 분야의 책임자로서 현실 정치에 참여하기도 했다.

공자가 살았던 춘추시대 말기의 사회적 혼란상은 참혹했다. 가혹한 정치가 호랑이보다 무서운 가정맹어호(苛政猛於虎)의 시대였다. 봉건체제의 구질서가 붕괴되면서 하극상적인 혼란이 만연하고, 제후국들의 패권 경쟁과 영토 전쟁이 일상화되었다. 폭력과 약탈, 착취와 수탈이 횡행하던 야만의 시대였다.

공자는 고뇌했다. 그리고 질문을 만들었다.

이 야만의 사회에서 어떻게 사람답게 살 수 있을까? 저 압제의 질곡에서 신음하는 사람들이 사람답게 사는 길은 무엇인가? 공자가 평생 동안 가슴에 품고 골몰한 질문이다.

공자는 '혼란스러운 세상을 피해 자연 속에 은둔하는 것이 낫다'라는 은자(隱者)들의 조롱 섞인 조언에 대하여 이렇게 대답했다.

"새나 짐승과 함께 무리를 이루어 살 수 없을진대 내가 이 세상 사람들과 함께하지 않고 누구와 더불어 함께하겠는가? 천하에 도(道)가 있다면 나는 세상을 바로잡는 일에 참여하지 않을 것이다." 〈미자〉

공자는 도가 이루어지는 세상을 꿈꿨다. 세상을 바로잡는 일에 참여하고자 하였다. 세상 사람들과 함께 하고자 하였다. 이것이 바로 정치다. 사람답게 사는 좋은 세상 만들기가 정치다.

공자는 자신을 등용해줄 군주를 찾아 14년간 주유열국하면서 인(仁)한 정치를 펼치고자 하였다. 하지만 한 번도 발탁되지 않았다. 그럼에도 끊임없이 인정(仁政)을 역설했다.

공자가 정치에 참여하는 방법은 크게 세 가지로 요약된다.

첫째는 정치의 개념을 바르게 정립하여 올바른 정치의 의미를 깨닫도록 하는 정치 비평적 이론화 작업이다. 정명론(正名論)이 대표적이다.

둘째는 정치적 지도자인 위정자의 역할과 자질을 규명하는 작업이다. 당시의 위정자들의 무도한 행태를 비판하면서 솔선수범을 역설했다.

셋째는 앙가주망의 관점에서 정치 현장에 실무적으로 종사하는 사회참여론이다. 제자들의 교육을 통해 종정(從政)의 철학을 펼쳤다. 종정은 정치 행위에 수반되는 실무적인 일이다.

바르게 하기

정치는 근본적으로 사람다움의 문화가 꽃피는 문명의 세계를 이루어가는 것이다. 사람이 사는 사회의 질서와 규범으로 폭력과 야만을 다스리는 길이다.

당시 노나라의 실권자인 대부 계강자가 정치에 관하여 묻자 공자가 이렇게 대답했다.

"정치란 바르게 바로잡는 것이다.
 위정자가 바름을 솔선한다면 누가 감히 바르지 않겠는가."

季康子問政於孔子, 孔子對曰: "政者, 正也. 子帥以正, 孰敢不正?"
계강자문정어공자, 공자대왈: "정자, 정야. 자솔이정, 숙감부정?" 〈안연〉

정자 정야(政者 正也), 정(政)은 정(正)이다. 정치란 곧 올바름이다. 올바르지 못한 부정(不正)을 바로잡는 것이 정치다. 질서, 규범, 조화, 문화, 문명이 바름이고 혼란, 폭력, 수탈, 독재, 야만이 바르지 못함이다.

정치의 도구적 수단인 제도화된 권력의 정당성은 올바름에서 나온다. 무릇 정치를 하는 위정자는 그 올바름을 솔선하는 모범이어야 한다. 자신이 바르지 못하고서 남을 바르게 할 수 있는 사람은 없다.

이름부터 바르게

바르게 바로잡는 것이 정치라고 했을 때 무엇부터 바로잡을 것인가는 정치의 성패를 좌우하는 핵심이다.

공자는 이름부터 바로잡아야 한다고 하였다. 자로가 "위나라 임금이 선생님께 의지하여 정치를 하려고 한다면 무엇을 먼저 하시겠습니까?"라고 질문했다. 공자는 "반드시 이름부터 바로잡겠다(필야정명호. 必也正名乎.)"라며 그 유명한 '정명론(正名論)'을 펼쳤다.

"이름이 바르지 않으면 말이 순리에 맞지 않고,

　말이 순리에 맞지 않으면 일이 이루어지지 않는다.

　일이 이루어지지 않으면 예악이 일어나지 않고,

　예악이 일어나지 않으면 형벌이 합당하지 않고,

　형벌이 합당하지 않으면 백성들은 손발을 둘 곳이 없다.

　고로 군자는 이름을 세울 때는 반드시 말할 수 있어야 하고,

　말을 할 때는 반드시 실천할 수 있어야 한다.

　군자는 자신의 말에 대해 구차함이 없어야 한다."

"名不正, 則言不順; 言不順, 則事不成; 事不成, 則禮樂不興; 禮樂不興, 則刑罰不中; 刑罰不中, 則民無所措手足. 故君子名之必可言也, 言之必可行也. 君子於其言, 無所苟已矣."

"명부정, 즉언불순; 언불순, 즉사불성; 사불성, 즉예악불흥; 예악불흥, 즉형벌부중; 형벌부중, 즉민무소조수족. 고군자명지필가언야, 언지필가행야. 군자어기언, 무소구이의." 〈자로〉

존재는 이름이다. 이름이 있어 존재한다. 사람은 이름을 통하여 세상을 인식하고 탐구한다. 세상을 이르는 것이 이름이다. 사람만이 이름을 붙일 수 있다. 세상만사에 이름을 붙임으로 인하여 삶을 영위한다. 사람만이 이름을 부를 수 있다. 이름을 부름으로써 세상과 관계를 맺고 세상을 만들어간다.

이름은 바름이다. 이름이 바르지 못하면 이미 이름이 아니다. 이름의 바름을 순(順)이라 한다. 이름과 실제가 일치한 것이 마땅한 이치이며 순리다. 명(名)과 실(實)이 상부(相符)해야 한다.

이름과 실제의 불일치는 정치적 문제다. 이름이 바르지 않으면 일이 이루어지지 않고, 급기야 백성들은 손발을 둘 곳이 없어진다. 정치를 함에 있어 이름부터 바르게 하지 않을 수 없는 것이다. 정치의 시작과 완성은 이름을 명분에 맞도록 구현하는 것이다.

바름은 다움이다

정치에 있어 바름은 곧 정당성이다. 정당성은 문명화된 권위이다. 사람이 사는 이치에 합당하고 옳아야 정당성을 얻을 수 있다.

제나라의 임금인 경공이 정치에 관하여 묻자 공자가 정치란 '다운 것'이라며 이렇게 대답했다.

"임금은 임금답고,
 신하는 신하답고,
 아버지는 아버지답고,
 자식은 자식다운 것입니다."

정명론의 실체인 '군군(君君), 신신(臣臣), 부부(父父), 자자(子子)'를 말했다. '임금은 임금답게, 신하는 신하답게, 부모는 부모답게, 자식은 자식답게'하는 것이 정치라고 하였다. 언뜻 이해하기 어렵다.

문제는 '답다'에 있다. '답다'라는 것이 선뜻 와닿지 않기 때문이다. '-답다'는 아마 우리말 중에서 가장 난해하고도 위대한 접미사일 것이다.

도대체 '-답다'란 무엇인가. 사람이든 사물이든, 가족이든 직위이든 역할이든지 관계없이 '-답다'가 붙는 순간 존재적 변화의 광휘가 인다. 그는 그답게 되고, 그것은 그것답게 되는 새로운 경지가 열린다. '다움'은 그 이름에 걸맞은 실질을 갖춘 정명(正名)이 된다.

한문에서는 군군(君君), 신신(臣臣)처럼 같은 글자를 반복하여 사용하여 이중적 구조를 만듦으로써 '다움'을 표현하고 정명(正名)화하였다. 동일한 글자로 구성된 명사명사의 구조에서 뒤의 명사가 형용사로 전용되면서 앞의 명사를 '답게 하는' 술어가 되었다. 같은 글자이지만 뒤의 명사는 앞의 명사를 뛰어넘는 새로운 의미를 획득하게 된다.

여기에서 '답다'의 길을 발견할 수 있다. 답다는 것은 거듭난다는 것이다. 명목적 존재에 대하여 그 존재 스스로가 자신을 마주보며, 스스로를 다시 생각하고 되돌아보는 재귀적 성찰을 통해 새로운 존재로 거듭나는 것이 '다움'의 길이다.

자신에 대해 자각하고 성찰하고 통찰하는 존재로 거듭나는 것, 자기 극복을 통해 자기를 재창조하는 것, 자기 자신을 다시 한 번 업그레이드하는 것이 '다움'이다.

한편으로 공자가 '부모는 부모답게, 자식은 자식답게'하는 것 역시 정치라고 한 점에 대하여도 의미 깊게 보아야 한다. 공자가 생각하는 정치는 일상생활의 영역이다. 가정에서도 정치는 이루어진다. 가정에서 효제의 인(仁)함이 실천되어야 하듯이 사회에서도 충서(忠恕)의 인이 실현되도록 하는 것을 정치라고 보았다.

사람다움의 인(仁)을 실천하는 것이 곧 정치이다.

사람은 정치적 삶을 산다.

02

덕이 꽃처럼, 정의가 강물처럼

⋮

기쁨의 정치

정치는 사람답게 사는 좋은 세상을 만드는 것이다. 섭공이 정치에 관하여 묻자 공자는 정치의 본질이자 핵심을 이렇게 간명하게 정의했다.

"가까이 있는 사람이 기뻐하고,

멀리 있는 사람이 찾아오는 것이다."

葉公問政, 子曰: "近者說, 遠者來."
섭공문정, 자왈: "근자열, 원자래." 〈자로〉

"근자열, 원자래(近者說, 遠者來)" 단 여섯 자에 정치의 모든 것을 담았다. 우선 가까이 있는 사람들이 기뻐야 한다. 가까운 데 있는 사람들로부터 인정받는 것이 정치다. 질서와 조화가 잘 작동되는 사회에서 사람답게 삶을 영위하니 기쁜 것이다. 그리하여 멀리 있는 사람들을 찾아오게 하는 것이 정치다. 밖에서 찾아오는 사람이 없는 것은 안에 있는 사람들의 기쁨이 숙성되지 않았기 때문일 것이다.

요즈음의 인구 감소로 인한 '지방 소멸'의 문제를 해결할 수 있는 길이 여기에 있지 않을까.

정치의 우선순위

정치는 먼저 정치의 구성 요소를 규명하고, 우선순위를 결정하여 제한된 자원을 효과적으로 집행해야 한다. 자공과 공자의 대화에서 정치의 보편적 요소와 우선순위를 발견하게 된다.

자공: 정치란 무엇입니까?

공자: 경제(식,食)를 풍족하게 하고, 안보(병,兵)를 튼튼하게 하며, 국민(민,民)들로 하여금 믿게 하는 것이다.

자공: 부득이 버려야 한다면 세 가지 중에서 어느 것을 먼저 버립니까?

공자: 안보(兵)를 버려야 한다.

자공: 부득이 또 버려야 한다면 나머지 둘 중에서 어느 것을 먼저 버립니까?

공자: 경제(食)를 버려야 한다. 예로부터 모두 다 죽는 것이지만, 국민들의 신뢰가 없으면 국가는 존립할 수 없다.

子貢問政, 子曰: "足食, 足兵, 民信之矣." 子貢曰: "必不得已而去, 於斯三者何先?" 曰: "去兵." 子貢曰: "必不得已而去, 於斯二者何先?" 曰: "去食. 自古皆有死, 民無信不立." 자공문정, 자왈: "족식, 족병, 민신지의." 자공왈: "필부득이이거, 어사삼자하선?" 왈: "거병." 자공왈: "필부득이이거, 어사이자하선?" 왈: "거식. 자고개유사, 민무신불립." 〈안연〉

공자는 경제와 안보와 국민들의 신뢰가 국가 공동체의 보편적인 필수 요소임을 역설했다. 인류가 국가라는 공동체를 발명한 이래로 동서고금의 모든 국가는 이 세 요소가 성립의 근거이자 존립의 조건이다. 다만 국민의 신뢰는 민주주의가 성숙되지 못한 나라에서는 생략되거나 무시되는 경향이 있었다. 공자의 통찰적 혜안은 여기서도 빛난다.

우리는 자공이라는 영민한 제자 덕분에 정치의 우선순위를 파악할 수 있었다. 자공의 파고드는 질문이 없었다면 무신불립(無信不立)이라는 보편적 진리가 빛을 보지 못하고 묻혀 버릴 수도 있었을 것이다.

우리도 여기서 멈추지 말고, 자공처럼 한 걸음 더 파고들어가 보자. 이 장면에서 생각 만들기 차원에서 질문 만들기를 시도해보면 좋겠다. 자기 나름대로의 질문 만들기를 통해 압축풀기와 여백 채우기를 시도하며 고전읽기의 묘미를 배가 시킬 수 있다. 경쾌한 상상력과 다양한 지식을 동원하여 행간의 의미를 짚어보면서 '거인의 어깨'에 오르는 방법을 찾을 수 있을 것이다.

1. 자공의 물음에서 질문 만들기
  1.1. 자공은 왜 가장 중요한 것이 무엇인지를 묻지 않고, 무엇을 먼저 버려야 하는가를 물었는가?
  1.2. 자공이 공자의 가르침을 3가지, 2가지 등 가짓수로 파악한 것의 한계점은 없는가?
  1.3. 대화를 통해 유추할 수 있는 자공의 정치관은 무엇일까?

2. 공자의 대답에서 질문 만들기

2.1. 공자는 왜 식(食), 병(兵), 신(信)의 순서로 제시하고, 병, 식의 순서로
소거하였는가?

2.2. 공자가 제시한 족(足)과 신(信)의 본질적 차이와 정치적 차이는 무엇
인가?

3. 시사점에서 질문 만들기

3.1. 과연 민신(民信)은 국가 존립의 필수 요소인가?

3.2. 민(民)으로부터 신뢰를 얻지 못한 권력은 어떻게 해야 하는가?

3.3. 민(民)으로부터 신뢰를 얻는 방법은 무엇인가?

이 역시 정답이 없는 열린 질문이기에 각자, 자유롭게 생각해 보
면 되겠다. 다만 객관적인 근거와 구체적인 증거를 활용하여 논리
적인 체계를 세우면 설득력이 크게 높아질 것이다.

인구, 복지, 교육

한편 인구와 복지와 교육도 주목해야 한다. 공자는 이들을 정치
의 차원에서 중시하고 강조했음을 알 수 있는 장면이 있다. 공자가
55세 때 주유열국의 망명길에 오르면서 처음으로 찾아간 나라가 위
나라다. 위나라로 갈 때 제자 염유가 공자를 태운 수레를 몰았다.
이때 나눈 대화이다.

공자: 사람들이 많구나!

염유: 사람이 많아지고 나면 또 무엇을 더 해야 합니까?

공자: 부유하게 해줘야 한다.

염유: 부유해지고 나면 또 무엇을 더 해야 합니까?

공자: 가르쳐야 한다.

子適衛, 冉有僕, 子曰: "庶矣哉!" 冉有曰: "旣庶矣, 又何加焉?" 曰: "富之." 曰: "旣富矣,
又何加焉?" 曰: "敎之."

자적위, 염유복, 자왈: "서의재!" 염유왈: "기서의, 우하가언?" 왈: "부지." 왈: "기부의,
우하가언?" 왈: "교지." 〈자로〉

경제, 안보, 신뢰를 역설한 데 이어서 인구, 복지, 교육을 정치의
필수 요소로 강조했다. 식(食), 병(兵), 신(信), 서(庶), 부(富), 교(敎)
여섯 가지가 정치 성립의 6대 요소이다. 어느 국가이든 반드시 필
요한 국가 성립의 요체이자 정치의 핵심이다.

여기서 인구(서, 庶)에 주목하고 있음에 유의하자. 인구 감소의 우
려가 표면화되고 있는 오늘날 한국적 현실에 시사하는 바가 많다.
정치는 '멀리 있는 사람을 찾아오게 하는 것'이라고 한 언명을 상기
하면 좋겠다.

부(富)는 경제적 복지라고 보았다. 앞에서 말한 식(食)이 기본 경
제, 국가적 경제의 성격이라면 여기의 부는 복지적 경제, 민간 경제
적 성격이다. 우선 먹고살아야 부를 쌓을 수 있다.

가르침(교, 敎)은 정치의 전제이자 정치 그 자체이다. 교육을 통한
정치, 정치를 통한 교육이다. 정치든 교육이든 사람다움의 인(仁)을
구현하는 길인 까닭이다.

신뢰 프로세스

국민들의 신뢰가 없으면 존립할 수 없다고 했다. 공자가 제시한

다섯 가지의 신뢰 구축 프로세스는 오늘날에도 충분히 유효한 정치의 원리이다.

> "나라를 다스릴 때는 공무를 경건하고, 미덥게 하며, 비용을 절약하고, 사람을 아끼며, 때에 맞춰 백성을 부려야 한다."
>
> 子曰: "道千乘之國, 敬事而信, 節用而愛人, 使民以時."
> 자왈: "도천승지국, 경사이신, 절용이애인, 사민이시." 〈학이〉

도(道)는 다스림의 도(導)이다. 천승지국(千乘之國)은 말 4마리가 이끄는 마차를 일천 대 이상 보유한 큰 제후국을 뜻하지만, 큰 국가든 작은 국가든 관계없이 그냥 국가로 보는 것이 무난하다. 정치의 기본 원리는 모든 국가에 동일하게 적용되기 때문이다.

국민들의 신뢰를 쌓는 '신뢰 구축 프로세스'는 5단계로 제시되었다. 첫째는 공무를 공경과 충심으로 경건하게 수행하는 경사(敬事)이다. 둘째는 공무적 일처리에 믿음을 주는 공적 신뢰(信)이다. 공적인 약속을 책임지고 수행해야 믿음을 얻을 수 있다. 또한 공적 가치가 아닌 사적 이익을 추구하면서, 권력을 임의대로 행사한다면 신뢰를 얻을 수 없다. 셋째는 국가 예산과 비용을 아끼고 절도 있게 사용하는 절용(節用)이다. 넷째는 사람을 아끼는 애인(愛人)이다. 함부로 인명을 살상하고, 전쟁으로 사람들을 학살하는 폭력은 이미 정치가 아니다. 야만일 뿐이다. 다섯째는 백성들을 동원할 때에는 적절한 시기를 골라서 해야 한다는 사민이시(使民以時)이다.

솔선의 덕

국민들의 신뢰는 무엇보다도 위정자의 솔선수범에서 나온다. 위정자가 어렵고 궂은일을 앞장서 수행함으로써 모범의 자격을 획득할 때 정치적 덕이 생성된다. 공자는 이렇게 말했다.

"위정자 자신이 바르면 명령하지 않아도 저절로 시행되고,
 자신이 올바르지 않으면 명령을 내려도 시행되지 않는다."

子曰: "其身正, 不令而行; 其身不正, 雖令不從."
자왈: "기신정, 불령이행; 기신부정, 수령부종." 〈자로〉

명령의 권위는 바름에서 나온다. 스스로 바르지 않으면 어떤 명령이라도 수행되지 않을 것이다.

또한 솔선의 덕은 '부정(不正)을 행하지 않음'에도 동일하게 적용된다. 솔선수범은 정(正)을 행하는 모범이 되어야 하며, 부정(不正)을 범하지 않는 모델이 되어야 한다.

계강자가 도둑을 걱정하자 공자가 대답했다.

"진실로 위정자부터 욕심을 부리지 않는다면
 사람들은 비록 상을 준다고 해도 도둑질을 하지 않을 것이다."

季康子患盜, 問於孔子, 孔子對曰: "苟子之不欲, 雖賞之不竊."
계강자환도, 문어공자, 공자대왈: "구자지불욕, 수상지부절." 〈안연〉

같은 맥락에서 위정자의 덕을 강조하며 공자는 이렇게 말했다.

"법령으로 이끌고 형벌로 다스리면

백성들은 처벌은 모면할지라도 부끄러움을 모르고,

덕으로써 이끌고 예로써 다스리면

부끄러워할 줄도 알고, 스스로를 바로잡게 된다."

子曰: "道之以政, 齊之以刑, 民免而無恥; 道之以德, 齊之以禮, 有恥且格."

자왈: "도지이정, 제지이형, 민면이무치; 도지이덕, 제지이례, 유치차격." 〈위정〉

법령과 형벌은 정당화된 폭력이고 덕과 예는 정당화된 가치이다. 법령과 형벌보다는 덕과 예가 아름다운 것은 문명의 지극함이 있기 때문이다.

바람과 풀

논어의 정치는 덕의 정치이다. 덕으로 다스리는 덕치(德治)가 처음이자 끝이다. 덕은 바름을 행하고, 바르지 않음을 금하는 솔선수범의 덕이다. 먼저 자신을 닦고 사람들은 편안하게 하는 수기안인의 덕이다.

계강자가 "만일 무도한 자를 죽임으로써 도가 있는 사회를 이룬다면 어떻겠습니까?"라고 묻자, 공자가 "정치를 하는데 어찌 사람을 죽이는 극단적인 방법을 쓸 수 있는가"라고 전제하고 이렇게 덧붙였다.

"위정자가 선(善)하고자 하면, 백성들은 곧 선량해질 것이다.

군자의 덕은 바람이요, 소인의 덕은 풀이다.

풀 위로 바람이 불어오면 풀은 반드시 눕게 된다."

"子欲善而民善矣. 君子之德, 風; 小人之德, 草. 草, 上之風, 必偃."
"자욕선이민선의. 군자지덕, 풍; 소인지덕, 초. 초, 상지풍, 필언." 〈안연〉

군자와 소인은 위정자와 일반 백성을 말한다. 위정자가 솔선하여 모범을 보임으로써 바른 정치가 작동된다는 원리를 강조하고 있다.

위정자의 수신과 솔선을 강조하다 보니 백성의 위치는 상대적으로 초라해졌다. 백성들을 민초(民草)라고 하듯이 소인을 풀로 비유했다. 백성을 위정자가 이끄는 대로 따라가는 수동적 존재로 인식했다.

한편 김수영 시인은 〈풀〉이란 시에서 절규했다. "바람보다 늦게 누워도 / 바람보다 먼저 일어나고"야 마는 민중의 끈질긴 생명력과 능동적인 의지를 보라고 갈파했다.

백성, 인민, 민중, 국민, 시민의 개념도 진화하는 역사의 산물이다.

03
사회참여

:
:

인재의 의미

공자가 학단을 형성하고 제자들을 가르친 이유는 수기치인을 실천하기 위함이다. 제자들이 스스로를 닦아 평화로운 세상을 만드는데 일조하기를 바랐다.

충서(忠恕)의 도를 익히고, 시서예악(詩書禮樂)을 두루 갖춘 공자학단은 특수한 정치적 능력을 갖춘 인재들의 공동체였다. 특히 사회의 질서와 규범인 예를 해석하고 집행할 수 있는 인재의 요람이었다.

춘추시대의 정치적 지형 속에서 위정자들은 공자보다는 제자들에게 주목했다. 정치적으로 쓸모가 있다고 판단했기 때문이다.

위정자들은 제자들을 선발하여 정치에 종사시키고자 하였고, 제자들 역시 정치 참여의 길을 마다하지 않았다. 공자도 제자들의 정치 참여를 말리지 않았다. 실제로 14년간 여러 나라를 주유하면서도 제자들을 추천하기도 하였다.

일례로 계강자가 자로, 자공, 염유는 정치에 종사하게 할 만한 인재인가를 묻자, 공자는 자로는 결단력(과, 果)이 있고, 자공은 사리에 밝고(달, 達), 염유는 기예(예, 藝)가 있으니 종정(從政)할 만하다고 구체적인 사유를 들어 추천했다.〈옹야〉

다만 사적 이익이 아니라 공적 가치를 추구하는 자세를 전제하였으며, 정치적으로 인(仁)을 실천하는 데 중점을 두었다.

한마디로 군자의 길과 종정의 길은 가치와 목적이 다르지 않다고 보았다. 위정자의 필수 덕목인 솔선수범의 자질과 능력을 갖추도록 요청하였다.

공인의 자격

공인으로 정치에 종사하기 위해서는 무엇보다도 자기 자신의 바름(正)이 전제되어야 함은 물론이다. 공자는 이렇게 말했다.

> "진실로 자신을 바로잡는다면 정치에 종사하는 데 있어서 무슨 문제
> 가 있겠는가? 자기 자신을 바로잡지 못한다면 어떻게 남을 바로잡
> 을 수 있겠는가?"

子曰: "苟正其身矣, 於從政乎何有? 不能正其身, 如正人何?"
자왈: "구정기신의, 어종정호하유? 불능정기신, 여정인하?"〈자로〉

정치적 실무를 수행하는 종정의 길은 위정자가 정치를 수행하는 정치의 길과 같은 수준의 도덕적 엄격성과 품성을 요구한다. 공적 가치를 추구하는 공인의 길이기 때문이다.

정치에 종사하다가 보면 자리를 탐하게 된다. 공자는 정치적 지위를 탐하기 이전에 본인의 능력부터 갖추라고 충고한다.

"지위가 없음을 걱정하지 말고 그 자리에 설 수 있는 능력을 갖추기
를 걱정해야 하며, 자기를 알아주지 않는 것을 걱정하지 말고 남이
알아줄 만하게 되도록 노력해야 한다."

子曰: "不患無位, 患所以立; 不患莫己知, 求爲可知也."
자왈: "불환무위, 환소이립; 불환막기지, 구위가지야." 〈이인〉

출세를 지향하는 사람은 자리를 탐하고, 공적 가치를 추구하는
사람은 자신을 닦는다.

공무 수행의 자세

예나 지금이나 솔선수범과 성실성은 공적 업무 수행의 근본이다.
공자는 이렇게 공무 수행의 기본을 강조했다.

자로가 정치에 관하여 물었다.
공자: 자신이 솔선한 다음에 사람들을 수고롭게 하라.
자로가 한 말씀 더 청했다.
공자: 게을리 하지 말아라.

子路問政, 子曰: "先之勞之." 請益, 曰: "無倦."
자로문정, 자왈: "선지노지." 청익, 왈: "무권." 〈자로〉

무권(無倦), '게을리 하지 말라'함은 단순히 직무 태만을 경계한
가르침일 수도 있지만, 여기서는 솔선하는 선지노지(先之勞之)의 원
칙을 꾸준히 지켜나가야지 중도에 흐지부지해서는 안 된다는 뜻이
강하다.

아울러 정치 참여에 관심이 많은 제자 자장에게도 같은 맥락의 가르침을 주었다. 자장은 자로보다 39세나 어린 제자인데, 기질이 자로를 닮았다고 한다.

"공직에 있을 때는 업무에 게으르지 말고,
 정책을 집행할 때는 진실하게 행하라."

子張問政, 子曰: "居之無倦, 行之以忠."
자장문정, 자왈: "거지무권, 행지이충." 〈안연〉

또한 공무를 수행함에 있어 자신의 역할과 직책에서 벗어나지 않는 태도가 중요하다. 섣부르게 선을 넘는 참견이나 훈수는 금물이다. 주제넘은 짓이 될 수 있다. 공자는 이렇게 말했다.

"그 직위에 있지 않다면, 그 직무를 도모하지 말라."

子曰: "不在其位, 不謀其政."
자왈: "부재기위, 불모기정." 〈태백〉

용인의 방법

정치는 사람이 한다. 정치의 성패는 인재를 발탁하고 활용하는 용인(用人)에 달려있다. 어떻게 인재를 선발하고 어떻게 쓰느냐에 따라 정치가 움직인다.

중궁이 계씨의 가재(家宰)로 임명되어 정치를 물었다.
공자: 먼저 유사(有司)에게 맡기고, 작은 과실을 용서하며, 현명한

인재를 등용하여라.

중궁: 현명한 인재를 어떻게 알고 등용합니까?

공자: 네가 아는 사람을 등용해라. 네가 알지 못하는 사람은 사람들이 어찌 그냥 내버려두겠느냐?

仲弓爲季氏宰, 問政, 子曰: "先有司, 赦小過, 擧賢才." 曰: "焉知賢才而擧之?" 子曰: "擧爾所知. 爾所不知, 人其舍諸?"

중궁위계씨재, 문정, 자왈: "선유사, 사소과, 거현재." 왈: "언지현재이거지?" 자왈: "거이소지. 이소부지, 인기사저?"〈자로〉

덕행에 충실한 중궁은 공자로부터 '임금자리에 앉힐 만하다'〈옹야〉라고 평가를 받은 제자이다.

이 장면은 중궁이 당시 노나라의 실권자인 계씨의 행정관으로 발탁되었을 때의 대화이다. 공자는 제자의 공직 수행에 필요한 용인의 세 가지 단계적 지침을 주었다.

첫 번째는 먼저 기존의 관료적 전문가를 존중하라는 것이다. 유사(有司)는 일을 주관하는 실무 전문가이다. 그들을 존중함으로써 업무의 연속성과 안정성을 도모하라는 것이다.

두 번째는 이들의 작은 실수는 용서하고 용납하라는 것이다. 그들이 능력을 발휘할 수 있는 분위기를 형성함으로써 우호적인 협력 체제를 구축하라는 것이다.

세 번째는 현명한 인재를 등용하여 새로운 정치를 펼쳐나가라는 것이다. 새로 발탁하는 인재는 검증된 인재여야 한다. 인재 검증은 추천인 자신에서부터 비롯된다. 자신이 아는 사람 가운데 인재로 인정받을 만한 사람을 발탁하는 것이 인사 실패를 방지할 수 있는 최소한의 장치이다. 최소한 자기가 잘 모르는 사람을 등용하는 것은 피해야 한다는 것이다.

제7장

지인의 길

사람과 사람 사이의 앎

01
논어의 인물상

.
.
.

사람을 아는 지혜

논어에서 추구하는 인(仁)은 사람다움이다. 사람이 사람답게 사는 것이 인이다. 인의 시작도 사람이며, 인의 과정도 사람이며, 인의 완성도 사람이다. 사람은 사람을 떠나서 사람이 될 수 없으며, 사람과 사람 사이에서 사람 관계를 맺으며 사람이 되어간다.

사람을 알지 못하고 사람이 될 수 있는 길은 없다. 사람을 알아야 사람이 된다. 그래서 공자는 앎(지, 知)이란 곧 사람을 아는 것, 지인(知人)이라고 설파했다.

지인, '사람을 안다'는 것은 '사람이란 존재 그 자체'에 대하여 안다는 의미가 아니다. 사람의 생물적 특성, 심리적 경향, 철학적 의미 등 사람의 모든 것을 안다는 의미가 아니다.

지인은 사람됨을 안다는 뜻이다. 즉 '사람됨을 알아보는 안목'을 의미한다. 공자가 일관되게 강조하는 사람됨, 사람다움의 인(仁)을 알아보는 안목이 지인이다. 인한 사람인지 불인한 사람인지를 알아보는 안목이 지인이다. 인한 사람은 군자로, 불인한 사람은 소인으로 표상된다.

사람과 사람 사이의 관계성 속에서 사람됨을 알아보는 안목을 기름으로써 자기 스스로 사람됨에 이르고자 하는 것이 지인이다.

군자와 소인 사이의 스펙트럼

논어에서 제시하는 가장 전형적인 인물상이 군자와 소인이다. 군자는 덕이 있는 이상적인 인격으로 인한 사람의 대명사이다. 군자의 대척점에 위치하고 있는 소인은 사적 이익과 본능적인 탐욕을 좇으며 사는 불인자의 대표이다.

그러나 삶을 영위하는 모든 사람들을 군자와 소인으로 이분법적으로 양단할 수는 없다. 군자와 소인으로 유형화하기 어려운 수많은 인간 유형이 존재한다. 더군다나 한 사람 내에서도 군자적인 특성과 소인적인 속성이 동시에 나타나기도 한다.

사실 군자와 소인은 고정적인 실체가 아니다. 끊임없이 유전하는 삶의 과정 속에서 문득문득 나타나는 사람됨의 표상이다. 오늘의 군자가 내일의 소인으로 전락할 수 있으며, 어제의 소인이 오늘의 군자로 변신할 수도 있다. 자기 스스로도 아침에는 군자였다가 저녁에는 소인으로 돌변할 수도 있다.

군자형에 가까운 사람 유형이 있고, 소인형에 가까운 인간 유형도 있다. 그 중간형도 있다.

사회적 관계 속에서 등장하는 각각의 인물상들은 군자와 소인을 양극단으로 하는 스펙트럼 내의 어느 지점에 존재한다. 하지만 스펙트럼상의 위치 또한 끊임없이 변한다. 사람됨은 고정된 존재가 아니라 끝없이 변화하는 과정상의 상태이기 때문이다.

사람됨을 알아보는 안목이 요청되는 연유이다. 지인은 언제, 어디서라도 끊임없이 작동되어야 하는 삶의 태도인 것이다. 사람됨을 알아보면서 사람됨을 구현하는 과정이 지인이다.

논어에는 군자와 소인 이외에도 다양한 인물상들이 등장한다. 이들 역시 인을 추구하는 군자적 계열과 불인의 늪에 빠져있는 소인적 계열, 그리고 중간자적 계열로 구분할 수도 있다. 그들의 속성과 행태를 통해 사람됨을 알아보는 안목을 기를 수 있다.

성인, 군자, 선인, 항자

공자는 현실적으로 성인(聖人)과 선인(善人)을 만날 수 없다면 군자와 항자(恒者)라도 만나고 싶다고 소회를 토로하였다.

"성인은 내가 만날 수 없을 테니,

　군자라도 만날 수 있으면 좋겠구나!

　선인(善人)은 내가 만날 수 없을 테니,

　항자(恒者)라도 만날 수 있으면 좋겠구나!

　없으면서 있는 체하고, 텅 비었으면서 꽉 찬 체하고, 가난에 허덕이

　면서 풍족한 체하면 항심을 갖기 어려울 것이다"

子曰: "聖人, 吾不得而見之矣! 得見君子者斯可矣!" 子曰: "善人, 吾不得而見之矣! 得見有恒者斯可矣! 亡而爲有, 虛而爲盈, 約而爲泰, 難乎有恒矣."

자왈: "성인, 오부득이견지의! 득견군자자사가의!" 자왈: "선인, 오부득이견지의! 득견유항자사가의! 무이위유, 허이위영, 약이위태, 난호유항의." 〈술이〉

성인(聖人)은 요, 순 임금이나 주공처럼 문명을 열고, 세상에 질서를 형성한 위인이다. 군자는 앞에서 보았듯이 덕이 있는 유덕자이다. 선인(善人)은 타인에게 악행을 저지르지 않는 선량한 사람이다. 항자(恒者)는 항심(恒心)을 가진 사람을 칭한다. 항심은 언제나 변함없는 한결같은 마음이다. 공자는 "없으면서 있는 체하고, 텅 비었으면서 꽉 찬 체하고, 가난에 허덕이면서 풍족한 체하면 항심을 갖기 어렵다"고 했다. 맹자는 항산(恒産)이 있어야 항심이 있다고 하였다.

대인(大人), 인자(仁者), 지자(知者), 용자(勇者) 등도 인을 추구하는 군자적 계열에서 만날 수 있는 사람됨이다.

대인(大人)은 덕망이 높은 훌륭한 인물을 가리키기도 하고, 고위 관직에 있는 높은 사람을 가리키는 경우도 있다.

공자는 "지혜로운 사람은 미혹되지 않고, 인한 사람은 근심하지 않고, 용기 있는 사람은 두려워하지 않는다."(知者不惑, 仁者不憂, 勇者不懼. 지자불혹, 인자불우, 용자불구.)고 했다.〈자한〉

향원(鄕原)

공자가 증오한 인간형이 있다. 바로 향원(鄕原, 鄕愿)이다. 공자가 소인보다도 더 증오한 인간형이 향원이다. 향원에 대한 분노를 숨기지 않았다.

"향원은 덕을 훔치는 도적이다."

子曰: "鄕原 德之賊也."
자왈: "향원 덕지적야."〈양화〉

향원을 증오한 이유는 덕을 훔치고 덕을 해치기 때문이다. 향원은 덕으로 위장한 위선적인 가짜이기 때문이다. 진짜가 아닌 사이비(似而非)인 까닭이다.

향원은 사람들로부터 점잖은 호인이라고 칭송을 받는 사람이다. 그 칭송은 위선과 사이비에서 나온다. 사리 판단을 하지 않고, 옳고 그름을 따지지 않으면서, 사람들의 눈치를 살피며 인기에 영합하고, 시속에 맞추어 순박한 듯 두루뭉술하게 삶으로써 얻어지는 칭송이다.

향원은 옳고 그름의 뚜렷한 가치관이 없고, '좋은 게 좋다'는 식으로 삶의 태도가 진지하지 않은 인간형이다. 그 말은 행동을 돌아보지 않고, 그의 행동은 말을 돌아보지 않는다. 행동 따로, 말 따로의 태도로 지식을 이용하여 사이비 덕을 형성하고 사회적 영향력을 행사한다.

향원은 언행불일치의 대명사이자 사이비 지식인의 전형이다. 세상 사람들에게 아부나 하면서 덕을 훔치는 능력을 가진 사람이 향원이다.

영인(佞人)

공자가 미워한 인간형은 오직 말에서 비롯되었다. 말만 뻔지르르한 사람, 말만 잘하는 사람, 말로 아첨하고 알랑대는 사람, 말을 함부로 하는 사람, 말에 책임지지 못하는 사람, 말과 행동이 따로 노는 사람, 말을 교묘한 논리로 위장하는 사람 등 공자가 미워한 사람은 모두 말을 다스리지 못하는 사람이다.

영인(佞人)은 아첨하면서 말만 잘하는 사람이다. 교묘한 궤변적 논리를 동원하여 말로써 말을 만드는 유형이다. 영인은 오직 말로써 질서를 흩뜨리고 혼란을 야기하며 문제를 악화시킨다. 공자는 스스로 영인을 미워한다고 말했다.〈선진〉

안연이 국가를 운영하는 방법을 물었을 때, 공자는 "영인을 멀리하라"(遠佞人, 원녕인), "영인은 위태롭다"(佞人殆, 영인태)라고 하였다.〈위령공〉

광자(狂者), 견자(狷者)

공자는 향원이나 영인처럼 말만 뻔지르르한 사람보다는 차라리 열광적인 사람과 고지식한 사람을 찾으라고 했다.

> "중용을 행하는 사람과 함께 할 수 없다면, 반드시 꿈이 큰 사람이나 고집스런 사람과 함께 하리라! 꿈이 큰 사람은 진취적이고, 고집스런 사람은 하지 않는 바가 있다."
>
> 子曰: "不得中行而與之, 必也狂狷乎! 狂者進取, 狷者有所不爲也."
> 자왈: "부득중행이여지, 필야광견호! 광자진취, 견자유소불위야."〈자로〉

사람됨의 길은 중용의 길이다. 중용의 길을 가는 것이 가장 바람직하지만, 그 길이 막혔다면 차라리 광견(狂狷)을 택하라고 한다. 광견은 한쪽 방면에 치우친 데가 있지만 자기 나름의 뜻을 가지고 있는 소신이 뚜렷한 인간형이다.

광자(狂者)는 물불을 가리지 않고 자신의 크나큰 꿈을 추진하고자 하는 적극적이고 열광적인 사람이다. '미치지 않으면 미치지 못한다'는 불광불급(不狂不及)이 광자의 캐치프레이즈이다.

견자(狷者)는 안목은 높지 않으면서 성질이 강직하여 고집스럽고 융통성 없는 고지식한 사람을 말한다. 이 유형은 해서는 안 될 일 이라고 판단되면 무슨 일이 있어도 그 일은 안하는 결벽이 있는 사 람이다. '목에 칼이 들어와도' 자기의 주장을 굽히지 않는 옹고집이 견자를 만든다. 무소불위(無所不爲)의 상대적인 의미가 유소불위(有 所不爲)이다.

비부(鄙夫)

다양한 인간군상 중에서 오직 출세를 위해 수단과 방법을 안 가 리는 인간형은 정말 고약하다. 공자는 이렇게 일갈했다.

"어떻게 비루한 사람과 함께 윗분을 섬길 수 있겠는가?
　비부는 원하는 것을 얻지 못했을 때는 얻으려고 근심하고,
　이미 얻고 나서는 잃을까봐 노심초사한다.
　진실로 잃을까 걱정하게 되면 못하는 짓이 없게 된다."

子曰: "鄙夫可與事君也與哉? 其未得之也, 患得之; 旣得之, 患失之. 苟患失之, 無所不至矣."
자왈: "비부가여사군야여재? 기미득지야, 환득지; 기득지, 환실지. 구환실지, 무소부지의."
〈양화〉

비부(鄙夫)는 비루한 사람이다. 행동이나 성질이 너절하고 더러운 인간형이다. 한마디로 추한 인간이다.

비부는 제 한 몸 잘살자고 나라도 팔아먹는 작자들이다. 권력이 나 재물 등 일신의 영달과 개인의 사리사욕을 위해서 뭐든지 하는

자들이다. 한마디로 짐승보다 못한 인간형이라 하겠다.

후생(後生)

후생, 후배는 개인의 성향이나 노력으로 형성되는 인간형은 아니
지만 사람을 알기 위해서는 후생을 눈여겨봐야 한다. 세대 간에도
지인(知人)의 안목이 필요하다. 공자는 이렇게 말한다.

"후생은 두려워할 만하다. 그들의 장래가 지금 사람들만 못할 줄 어
찌 알겠는가? 다만 사오십이 되어서도 이름이 알려지지 않는다면
그 또한 두려워할 만한 것은 못된다."

子曰: "後生可畏, 焉知來者之不如今也? 四十五十而無聞焉, 斯亦不足畏也已."
자왈: "후생가외, 언지래자지불여금야? 사십오십이무문언, 사역부족외야이." 〈자한〉

후생가외(後生可畏), 선배는 후배의 성장을 경외의 눈으로 볼 줄
알아야 한다. 후배 무서운 줄 알아야 한다. 후배를 존중할 줄 아는
선배가 선배다.
후배는 자신의 성장을 사회적으로 입증할 책임을 져야 한다. 그
것도 40, 50세 이전에 말이다. 40, 50세가 넘으면 이미 후생이 아니
라 선생이 된다.

02
나를 알아야 사람을 안다

나는 누구인가

나도 사람이고 그도 사람이다. 나도 사람됨의 과정에 있듯이 그
역시 사람됨의 길을 가고 있는 것이다. 나의 사람다움은 내가 만들
듯이 그의 사람다움은 그가 만들어간다.

사람을 알기 위해서는 그를 알아야 하지만, 먼저 나를 알아야 한
다. 사람됨을 알아보는 안목은 자기와 남을 균형 있게 볼 수 있는
안목이다.

사람다움의 인(仁)은 기소불욕 물시어인(己所不欲 勿施於人), 자기
가 원하지 않는 것을 남에게 행하지 말라는 서(恕)에서 이루어진다.
자기가 원하는 것, 원하지 않는 것을 알아야 남이 원하는 것, 원하
지 않는 것을 알 수 있다. 자기를 미루어 남에게 이르는 것이 서다.

자기를 아는 길이 곧 남을 아는 길이다.

자기를 알기 위해서는 우선 거울을 준비해야 한다. 마음의 거울
말이다. 마음의 거울을 통해 스스로를 되돌아보아야 한다.

무엇이 보이는가. 얼굴을 보고 눈, 코, 입의 생김새를 보는 것이

아니다. 내면을 보고 행위를 보아야 한다. 자기의 마음을 보고 자기의 뜻을 보아야 한다. 자기가 걸어온 길을 보고, 자기가 걸어가고자 하는 길을 보아야 자기가 보인다.

자기가 좋아하는 것, 자기가 가장 많은 시간과 정력을 투자하는 것, 자기가 꿈꾸는 것을 통해 자신을 그려나갈 수 있다.

자기를 아는 것은 자기 성찰을 통해 자신을 낯설게 거리를 둠으로써 볼 수 있는 안목이다. 자기를 안다는 것은 자기 자신의 인(仁)한 수준을 파악하는 것이며, 사람됨의 깊이와 넓이를 가늠하는 것이다.

앎과 알아줌

『논어』 첫 장에서 남이 알아주지 않아도 화나지 않아야 군자답다고 했다. 남이 자기를 알아주기를 바라지 말고, 먼저 자기가 남을 알아주어야 한다고 말한다.

"남이 자기를 알아주지 않음을 걱정하지 말고
　자기가 남을 알지 못함을 걱정하라."

子曰: "不患人之不己知, 患不知人也."
자왈: "불환인지불기지, 환부지인야." 〈학이〉

자기보다는 먼저 다른 사람을 인정하고 배려하는 마음을 통해 사람됨이 성숙한다. 지인은 다른 사람을 인정하고 배려하는 마음을 키우는 일이다.

자기가 남을 알지 못함은 우선 자기 자신을 알지 못하기 때문이다. 자기를 알아야 남을 아는 것이지 남을 안다고 해서 자기를 아는 것은 아니다.

나를 아는 길

자기를 아는 길은 남을 알아가듯이 자기를 알아가는 것이다. 남을 보듯이 자기를 보아야 한다. 자기를 볼 수 있는 길은 마음의 거울을 통해 스스로를 성찰하는 것이다.

공자는 성찰을 넘어 스스로를 심판하라고 말했다.

> "끝났구나! 자기의 잘못을 발견하고 속으로 스스로를 심판하는 사람을 나는 아직까지 보지 못했으니."
>
> 子曰: "已矣乎! 吾未見能見其過而內自訟者也."
> 자왈: "이의호! 오미견능견기과이내자송자야." 〈공야장〉

스스로를 반성하고 성찰하는 자성(自省)을 넘어 스스로를 엄격하게 심판하는 자송(自訟)의 단계에 이르면 자기 자신을 좀 더 냉철하게 알 수 있을 것이다.

자성은 자신의 행위 일반을 스스로 살펴보는 일반적인 반성의 의미가 강하고, 자송은 자기의 잘못, 허물을 찾아 개선하려는 의지가 강하다.

자기를 닦는 수기(修己) 역시 자기의 인(仁)한 정도를 알아야 진정성을 확보할 수 있다. 극기복례 역시 자기를 알아야 극기가 가능하다. 자송은 극기와 수기의 길이자 지인의 길이다.

손가락질

남이 자기를 알아주지 않아도 화내지 말아야 한다고 하였지만, 남에게서 손가락질을 당하고, 미움을 받으면 그걸로 끝장인 시기도 있을 것이다. 공자는 이렇게 말했다.

"나이 마흔이 되어서도 미움을 받는다면 그야말로 끝장이다."

子曰: "年四十而見惡焉, 其終也已."
자왈: "년사십이견오언, 기종야이." 〈양화〉

불혹의 나이, 마흔은 미움 받을 나이가 아니라 책임질 나이이다. 자기 인생에 책임을 져야 할 나이가 되어서도 남에게서 손가락질 당하고 미움을 받는다면, 그 사람은 아마 더 이상 진보하지 못하고 그 상태로 끝장나고 말 것이다. 다산은 마흔에 이르면 기력이 쇠해져서 개과천선할 여지가 없다고 하였다.

03
사람을 알아보는 법

.
.
.

자기 안목

지인(知人), 사람을 안다는 것은 자기의 안목으로 사람을 알아보는 것이다. 남의 눈으로 보는 것이 아니라 자기의 안목으로 보는 것이다. 남들의 분위기에 휩쓸리는 것이 아니라 자기의 주체적 판단으로 보는 것이다. 공자는 이렇게 말한다.

> "많은 사람들이 미워하더라도 반드시 잘 살펴보아야 하고,
> 많은 사람들이 좋아하더라도 반드시 잘 살펴보아야 한다."

子曰: "衆惡之, 必察焉; 衆好之, 必察焉."
자왈: "중오지, 필찰언; 중호지, 필찰언." 〈위령공〉

중(衆)은 대중을 말하기 때문에 중우정치(衆愚政治)의 위험성을 지적한 말로 이해할 수 있다. 대중이 어리석은 지는 별도로 논의해야 할 주제이지만 대중의 군중심리에 휩쓸려 부화뇌동하지 말라는 메시지는 분명하다.

지인의 측면에서도 반드시 새겨야 할 원칙이다. 많은 사람들, 아니 모두가 미워한다고, 또는 좋아한다고 하더라도 아무 생각 없이 무비판적으로 대세를 추종하지 말라는 주문이다. 반드시 자기의 생각을 가지고 자기의 안목으로 미워하고, 또는 좋아해야 한다고 충고한다.

찰인(察人)

모든 사람이 '예'라고 할 때, '아니오'를 말할 수 있는 사람은 어떤 사람인가. 용기 있고 소신 있는 사람인가, 눈치 없고 어리석은 사람인가.

여기에 답하기 위해서는 소신과 눈치의 차이를 알아야 한다. 자기 나름대로의 근거와 논리를 가지고 주장을 펼칠 수 있으면 소신이다. 그렇지 않으면 부화뇌동의 눈치보기가 된다.

사람을 알아보는 안목에 대하여 공자는 이렇게 알려준다.

"그 사람이 행하는 모습을 지켜보고,

그 사람이 지나온 경과를 살펴보고,

그 사람이 편안해 하는 것을 헤아려본다면,

그의 사람됨을 어디다 숨기랴.

그의 사람됨을 어디다 숨기랴."

子曰: "視其所以, 觀其所由, 察其所安, 人焉廋哉, 人焉廋哉"
자왈: "시기소이, 관기소유, 찰기소안, 인언수재, 인언수재" 〈위정〉

사람을 알아보는 안목(眼目)을 키우려면 눈이 좋아야 한다. 마음의 눈으로 보아야 사람이 보인다. 인(仁)의 눈으로 보아야 사람됨이 보인다.

공자가 일러준 사람을 알아보는 찰인(察人)은 '시(視)―관(觀)―찰(察)'로 깊어지는 자기 안목이다.

사람이 행하는 모습, 지나온 경과, 편안하게 여기는 바를 총체적으로 지켜보고, 살펴보고, 헤아려보는 찰인의 방법을 활용하면 그의 사람됨을 파악할 수 있을 것이다. 지인은 찰인을 전제한다.

자세히 보아야 예쁘다.
오래 보아야 사랑스럽다.
너도 그렇다.

나태주 시인의 〈풀꽃〉이란 시다. 자세히 보고 오래보아야 사람이 보인다. 예쁜 마음으로, 사랑의 마음으로 보아야 인(仁)의 사람다움이 보인다.

과실 살펴보기

사람의 과실, 허물, 잘못은 삶의 소산이다. 삶의 과정 속에서 수많은 과실을 범하며 산다. 그 과실 속에 그가 있고 그의 삶이 있다. 공자는 이렇게 말했다.

"사람의 과실은 각각 그 부류에 따라 결정된다.
과실을 보면 곧 그 사람의 인의 정도를 알 수 있게 된다."

子曰: "人之過也, 各於其黨. 觀過, 斯知仁矣."
자왈: "인지과야, 각어기당. 관과, 사지인의." 〈이인〉

관과(觀過)는 과실을 살펴보는 것이다. 과실의 내용, 수준, 정도를 보면 곧 그 사람의 인의 내용, 수준, 정도를 파악할 수 있다.

지인(知仁)이 지인(知人)이다.

그 사람의 인의 정도를 알아보는 것이 지인(知仁)이다. 그 사람의 사람 됨됨이를 알아보는 것이 지인(知人)이다. 사람을 알아보는 것은 곧 그의 인한 정도를 알아보는 것이다.

사이비 판별법

가짜가 문제지만 진짜 같은 가짜가 더 문제다. 사이비가 진짜 같은 가짜다. 공자는 이렇게 미워했다.

"자주색이 붉은색을 침해하는 것을 미워하고,
 정나라의 음악이 아악을 어지럽히는 것을 미워하며,
 날카로운 구변이 나라를 뒤엎는 것을 미워한다."

子曰: "惡紫之奪朱也, 惡鄭聲之亂雅樂也, 惡利口之覆邦家者."
자왈: "오자지탈주야, 오정성지란아악야, 오리구지복방가자." 〈양화〉

공자가 미워한 세 가지는 불인(不仁)의 전형적인 사례들이다.

첫째는 사이비를 미워한다. 간색(間色)이 정색의 지위를 차지하는 것을 미워한 것이다.

둘째는 본질을 흩트리는 것을 미워한다. 음란한 음악이 아악을 어지럽히는 경우다.

셋째는 말과 실천의 괴리와 무책임한 말을 미워한다. 날카로운 구변(이구, 체口)이 결국은 나라 전체를 망치는 것을 미워한다.

04
사람과 사람

:
:

좋아하고 미워하는 기준

사람과 사람 사이에는 필연적으로 좋아하는 사람과 미워하는 사람이 생기기 마련이다. 좋아함에도 미워함에도 자격이 있고 품격이 있다. 공자는 이렇게 말했다.

"오직 인(仁)한 사람만이 사람을 좋아할 수 있고,
오직 인(仁)한 사람만이 사람을 미워할 수 있다."

子曰: "惟仁者 能好人, 能惡人."
자왈: "유인자 능호인, 능오인." 〈이인〉

아무나 누구를 좋아하고, 아무나 누구를 미워할 수 있는 것은 아니다. 좋아할 자격이 있는 사람이 좋아할 만한 사람을 좋아하는 것이 인(仁)이다. 미워할 자격이 있는 사람이 미워할 만한 사람을 미워하는 것이 사람다움이다.

사람을 알아보는 지인(知人), 사람을 좋아하는 호인(好人), 사람을 미워하는 오인(惡人)의 유일무이한 기준은 바로 사람다움의 인(仁)이다.

오직 인한 사람만이 인의 기준에 따라 사람을 좋아할 수 있고, 사람을 미워할 수 있다.

모두가 좋아하는 사람은

점잖은 호인으로 정평이 난 향원은 마을 사람들 모두로부터 칭송을 받는 두루뭉술한 사람이다. 이 대화는 향원 같은 인간형을 알아볼 수 있는 방법을 보여준다.

> 자공: 마을 사람들이 모두 그 사람을 좋아한다면 어떻습니까?
> 공자: 그 정도로는 아직 안 된다.
> 자공: 마을 사람들 모두가 그를 미워한다면 어떻습니까?
> 공자: 그 정도로도 아직 안 된다. 마을의 선한 사람들이 그를 좋아하고, 그 마을의 선하지 못한 사람들은 그를 미워하는 것만은 못할 것이다.

子貢問曰: "鄕人皆好之, 何如?" 子曰: "未可也." "鄕人皆惡之, 何如?" 子曰: "未可也. 不如鄕人之善者好之, 其不善者惡之."
자공문왈: "향인개호지, 하여?" 자왈: "미가야." "향인개오지, 하여?" 자왈: "미가야. 불여향인지선자호지, 기불선자오지." 〈자로〉

이 구절 역시 좋아함과 미워함의 자격과 기준을 말한다. 모두가 좋아하고, 모두가 미워하는 극단 자체가 문제이지만 더 핵심적인 문제는 자격과 기준과 진정성이다.

선자호지, 불선자오지(善者好之, 不善者惡之). 선한 사람은 좋아하고, 선하지 못한 사람은 미워하는 것이 인한 사람을 알아보는 법이다. 모두가 좋아하는 사람은 분명 향원 같은 인간형이다.

오직 인한 사람만이 사람을 좋아할 수 있고, 사람을 미워할 수 있다는 원리와 같은 맥락이다.

정직을 묻다

사람됨을 앎에 있어서 정직한 사람인가 아닌가를 알아보는 것은 매우 중요하다. 정직은 사람됨의 기본 덕목이고, 인간관계를 유지하는 원천이다. 이런 에피소드가 있었다.

> "누가 미생고를 정직하다 했는가? 어떤 사람이 그에게 식초를 얻으러 갔을 때, 그는 이웃집에서 얻어다가 주었다고 한다."
>
> 子曰: "孰謂微生高直? 或乞醯焉, 乞諸其隣而與之."
> 자왈: "숙위미생고직? 혹걸혜언, 걸저기린이여지." 〈공야장〉

미생고(微生高)라는 노나라 사람이 있었다. 미생지신(尾生之信)의 주인공이다. 다리 밑에서 여자와 만나기로 한 약속을 지키기 위해 홍수에도 피하지 않고 내내 기다리다가 마침내 물에 빠져 죽었다고 한다. 상황 변화를 읽지 못하고 융통성이 없이 고지식한 경우다.

어떤 사람이 그에게 식초를 얻으러 갔는데, 마침 그도 식초가 없었다. 그는 자기 집에 식초가 없다는 사실을 이야기하기 싫어서 이웃집에 가서 식초를 얻어다 주었다. 이것을 정직하다고 할 수 있는가? 자기가 가진 것이 없으면 없다고 하면 될 일을 굳이 남의 것을 빌려다가 마치 자기의 것인 것처럼 행세하는 경우는 정직이라 할 수 없다는 것이다.

고지식하면서도 남들의 이목을 의식하며 평판에 좌우되는 사람을 가려보는 것 역시 사람됨을 알아보는 지인의 지혜이다.

상대할 수 없는 경우

속담에 "열 길 물속은 알아도 한 길 사람의 속은 모른다."고 했다. 사람을 알기란 참으로 어렵다. 그래서 찰인(察人), 지인(知人)의 관심과 주의가 요청된다. 공자는 이렇게 말했다.

> "고지식하게 뜻은 크면서도 정직하지 않고,
>
> 미련하면서도 끈기가 없고,
>
> 무능하면서도 신의도 없다면,
>
> 그런 사람은 나도 어쩔 수 없다."
>
> 子曰: "狂而不直, 侗而不愿, 悾悾而不信, 吾不知之矣."
> 자왈: "광이부직, 동이불원, 공공이불신, 오부지지의." 〈태백〉

세 유형 모두 사람과 사람의 사이를 어지럽히는 극복의 대상들이다. 이러한 인간 유형은 상대하기도 어렵고 관계를 유지하기도 어렵다. 일반적인 통상적 인식으로 관계할 수도 없고 그 변화를 용납할 수도 없는 경우이다. 한마디로 상대할 가치가 없는 인간형이다.

광이부직(狂而不直)은 고지식하면 정직하게 마련인데 정직하지 못하며, 뜻을 크게 부풀려 실천력이 전혀 뒷받침되지 않는 경우이다. 광(狂)의 의미도 왜곡하고 직(直)의 가치도 지키지 못하는 인간 유형이다.

동이불원(侗而不愿)은 미련하면 끈기 있고 성실한 측면이 있어야 하는데 그것이 없는 경우이다. 우직하지 못한 채 미련하기만 한 인간 유형이다.

공공이불신(悾悾而不信)은 무능하고 무식하면 믿음이라도 주어야 하는데 그 믿음이 없는 경우이다. 신의도 없이 그저 무능하기만 한 인간 유형이다.

세 유형 모두 상식 밖의 인물들이기 때문에 현실 속에서는 실제로 나타나지 않기를 바랄 뿐이다.

제8장

지언의 길
말을 알아야 사람을 안다

01

말의 의미

.
.
.

사람과 말

말은 곧 그 사람이고, 사람은 곧 그의 말이다.

말은 사람을 사람이게 하는 본질이다. 사람은 말로 삶을 산다. 공자는 "말을 알지 못하면 사람을 알 수 없다(不知言 無以知人也. 부지언무이지인야.)"〈요왈〉고 사람됨의 핵심을 말했다. 말을 알아야 사람을 알아볼 수 있고, 말을 알아들어야 사회적 삶을 영위할 수 있다.

말은 양날의 칼이다.

사람을 살리기도 하고, 죽이기도 하는 불가사의한 힘이다. 말 한마디로 천 냥 빚을 갚기도 하고, 말 한마디에 평생 원수가 되기도 한다. 말로 흥하기도 하고, 말로 망하기도 한다. 같은 말도 어떻게 말하느냐에 따라 전쟁을 일으키기도 하고, 평화를 가져오기도 한다.

말은 어렵다.

사람됨의 길은 말공부가 필수다. 말을 말답게 말하기 위해서는 먼저 말을 배워야 한다. 매 순간 말을 하고는 있지만, 기실 말을 잘 모른다. 말의 의미가 무엇인지, 말의 본질이 무엇인지, 어떻게 말해야 하는지를 특별히 배워야 한다. 마르틴 하이데거는 언어는 '존재의 집'이라고 했다.

말의 주인

말의 주인이 누구인가.

말은 주인을 따른다. 말의 주인됨이 말의 미덕을 좌우한다. 말은 언제나 자기의 말이어야 하기 때문에 말의 주인은 언제나 자기 자신이 되어야 한다.

남의 말을 자기 말처럼 함부로 부려서도 안 되고, 자기의 말을 남의 말처럼 방치해서도 안 된다. 남의 말을 내 말처럼 하면 앵무새가 되고, 내 말을 남의 말처럼 하면 유체이탈이 된다. 자기의 말을 돌보지 않아도 안 되고 남의 말을 훔쳐서도 안 된다.

말의 주인은 바로 자기 자신이다.

말은 자기 내면의 뜻, 의지, 감정, 생각을 외면의 행동, 실천으로 이어지게 하는 사람됨의 소통이다. 말은 인(仁)을 실천하는 도구이다. 말은 인의 정도와 수준이다. 말은 믿음, 시중(時中), 달(達)의 세 가지 덕(德)을 통해 인을 실천한다.

말의 덕(德) 1: 믿음

말은 믿음이다. 믿을 신(信)은 사람 인(人)과 말씀 언(言)이 하나가 되는 사람됨의 표상이다. 사람의 말이 곧 믿음이다. 믿음은 사람의 말을 믿을 수 있을 때 비로소 믿음이 된다. 그의 말을 믿을 수 있을 때 비로소 사람이 된다. 말의 힘은 믿음의 힘이다. 믿음이 말의 제1

덕목이다.

사람과 말, 말과 사람이 일치되어야 믿을 수 있다. 그 일치의 책임이 말의 주인인 자신에게 있다. 믿음을 책임질 수 있어야 말의 주인이다.

말의 책임은 행동이다. 책임은 말로 지는 것이 아니라 행동으로 말하는 것이다. 행동이 곧 책임이다.

공자는 〈자로〉 편에서 "말을 할 때는 반드시 실천할 수 있어야 한다."(언지필가행야, 言之必可行也)고 강조했다. 또한 이렇게 말했다.

> "옛날 사람들이 말을 함부로 입 밖으로 내지 않은 것은,
> 몸이 말을 따르지 못하는 것을 부끄러워했기 때문이다."
>
> 子曰: "古者言之不出, 恥躬之不逮也."
> 자왈: "고자언지불출, 치궁지불체야." 〈이인〉

책임을 지지 못하는 것은 부끄러운 짓이다. 부끄러움을 알기 때문에 언지불출(言之不出), 말을 함부로 표출하지 않는 것이다.

말과 행동은 영원한 긴장관계에 있다. 말은 빠르고, 행동은 느리기 때문에 말과 행동 간의 차이를 명확히 인식하고 말해야 한다. 말은 쉽고, 실천은 어렵기 때문에 말과 실천 간의 차이를 명확히 파악하고 말해야 한다.

말의 덕(德) 2: 시중(時中)

말은 때와 장소를 가린다. 때에 따라서 해야 할 말과 하지 말아야 할 말이 있다. 장소에 따라서 해야 할 말과 하지 말아야 할 말이

있다. 상황에 따라서 할 말과 안할 말이 있다는 것이다.

언필유중(言必有中), 말을 하면 반드시 합당함이 있어야 말이다. 상황에 따른 최적의 적합성을 말하는 시중(時中)의 원리가 가장 잘 적용되는 분야가 말이다. 말은 시중이다.

〈향당〉 편에 공자의 말의 시중을 보여주는 장면이 있다.

공자께서 마을에 계실 때는 겸손하고 삼가서 마치 말을 할 줄 모르는 것 같았다. 종묘와 조정에 계실 때는 분명하고 유창하게 말을 잘 하셨지만 다만 신중하게 했을 따름이다.

孔子於鄕黨, 恂恂如也, 似不能言者. 其在宗廟朝廷, 便便言, 唯謹爾.
공자어향당, 순순여야, 사불능언자. 기재종묘조정, 변변언, 유근이. 〈향당〉

평소에는 겸손하고 삼가서 말을 할 줄 모르는 것 같이 보일 정도였으나, 업무에 있어서는 분명하고 유창하게 말을 하되 신중하게 하는 것이 말의 시중이다.

말의 덕(德) 3: 달(達)

말은 의사소통이다. 언어의 가장 원초적 기능은 의사를 소통하는 것이다. 의사소통이 가장 소박하면서도 본질적인 언어의 역할이다. 공자는 이렇게 말한다.

"말이란 달(達)일 뿐이다."

子曰: "辭, 達而已矣."
자왈: "사, 달이이의." 〈위령공〉

여기서 핵심어는 '달(達)'이다. 대부분 달을 전달로 해석하여 "말은 전달하면 그뿐이다.", "말은 뜻을 표하면 그만이다." 등으로 번역하고 있다. 말은 뜻을 꾸미는 것이 아니라 뜻을 전달하는 것임을 강조한 것이다. 말의 본질에 부합하는 타당한 풀이이다.

하지만 달을 전달로만 이해하면 일차적인 측면만 부각된 것이다. 달(達)은 전달(傳達)과 도달(到達)의 의미를 동시에 함의한다. 말은 의사소통의 도구이다. 발화자 관점에서는 전달이고 수화자 관점에서는 도달이다. 전달과 도달 사이의 간격이 의사소통을 어렵게 한다. 말은 전달보다는 도달로 확인되어야 소통이 된다.

말의 소통을 어렵게 하는 대표적인 경우가 교언(巧言)이다. 온갖 미사여구를 동원하여 말을 화려하고 교묘하게 꾸밈으로써 뜻의 왜곡이 발생된다. 교언을 전달했다고 해서 소통이 되지는 않는다. 뜻이 도달되지 않았기 때문이다.

한편으로 도달되기 위해서는 경청해야 한다. 말의 소통은 말하기와 듣기로 이루어진다. 1시간의 대화에서 50분을 듣기에 쓴다면 그는 분명 소통의 의미를 아는 인생의 고수다.

02
말 다스리기

∶
∶

말의 꾸밈

말은 잘 다스려야 말이 된다. 말의 다스림은 말의 왜곡, 과장, 꾸밈을 경계함으로써 말의 오용과 부작용을 막기 위한 노력이다.

말은 인을 실천하는 도구이기 때문에 믿음과 시중과 달의 원리에 의해서 구사되어야 한다.

말은 꾸미는 것이 아니라 실천하는 것이다. 어떤 말을 하느냐가 곧 그 사람을 말해준다. 공자는 이렇게 말했다.

"그럴듯하게 꾸민 달콤한 말은 덕을 어지럽히고,
 작은 것을 참지 않으면 큰 계획을 어지럽힌다."

子曰: "巧言亂德, 小不忍則亂大謀."
자왈: "교언난덕, 소불인즉난대모." 〈위령공〉

"교묘하게 꾸민 말과 알랑대는 표정에는 드물다, 인(仁)이."

子曰: "巧言令色, 鮮矣仁."
자왈: "교언영색, 선의인." 〈학이〉

진실의 말은 꾸밈이 필요 없는 말이다. 인을 실천하고자 하는 진정성이 있는 말은 번지르르한 말이 아니라 질박한 말이다.

"강직하고, 의연하고, 질박하고 어눌한 것이 인에 가깝다."

子曰: "剛毅木訥, 近仁."
자왈: "강의목눌, 근인." 〈자로〉

말은 항상 인(仁)의 바탕 위에서 보아야 진실을 볼 수 있다. 인은 기본적으로 화려한 꾸밈이 아니라 질박한 본바탕이다. 인은 교묘한 말이 아니라 오히려 소박한 말에 깃든다.

꾸밈의 세련화

말의 꾸밈도 진화한다. 단순히 미사여구를 동원하는 수준을 넘어 교묘한 논리로 무장하고 그럴듯한 지식으로 각색하여 덕을 어지럽힌다. 공자는 이렇게 말했다.

"말을 빈틈없이 그럴듯하게 하는 그 사람은
 과연 군자다운 사람인가? 겉모습만 그럴듯한 사람인가?"

子曰: "論篤是與, 君子者乎, 色莊者乎?"
자왈: "논독시여, 군자자호, 색장자호?" 〈선진〉

논독(論篤)은 말이 조리가 있어 빈틈없고 그럴듯한 것이다. 말 잘하는 사람이 넘치는 세상이다. 말만 가지고 사람을 판단해서도 안 되고, 말 잘하는 사람에 현혹되어서도 안 된다.

덕을 버리는 말

말은 자기의 진실된 뜻을 담아야 한다. 자기 생각이 없으면 차라리 말하지 말아야 한다. 아무 생각 없이 남의 말, 뜬소문, 가짜뉴스를 주워듣고는 그냥 여기저기서 내뱉는 말은 말이 아니라 덕을 버리는 짓이라고 말했다.

"길에서 듣고 길에서 말하는 것은 덕을 버리는 짓이다."

子曰: "道聽而塗說, 德之棄也."
자왈: "도청이도설, 덕지기야." 〈양화〉

길에서 듣고 길에서 말하는 도청도설(道聽塗說)은 유언비어의 온상이다. 요즘은 그 길이 SNS나 댓글로 대체되었다. 덕을 버리는 사람들이 넘친다. 사람들의 소통을 촉진하고 문명의 미래를 꽃피우기 위한 인간의 발명이 말로 짓는 야만과 폭력으로 얼룩지고 있는 세태가 개탄스럽다.

어디에서 듣든지 간에 남의 말을 들을 때는 진위를 확인하고, 타당성을 따져보고 자기의 생각으로 정리해야 한다. 들은 것을 말로 옮길 때는 자기의 생각을 담아서 진실한 자기의 언어로 말해야 한다. 이것이 교양이고 인(仁)이다.

이미 쏟아진 말

말은 쏜 화살이다. 돌이키기 힘들다. 그래서 더더욱 말을 조심해 다루어야 한다. 말은 신중하게 해야 하는 것이다.

노나라 임금인 애공이 공자의 제자 재아(宰我)에게 사직(社稷)에 심을 나무에 대해 물은 일이 있었다. 이때 재아가 얼토당토않은 엉터리 대답을 했다. "하나라는 소나무를 심었고, 은나라 사람들은 측백나무를 심었고, 주나라 사람은 밤나무를 심었습니다. 밤나무(栗, 율)를 심은 것은 백성들을 전율(戰慄), 두려워하게 한다는 의미를 갖고 있기 때문입니다"라고 말이다. 이 말을 전해들은 공자가 말했다.

"이미 벌어진 일이라 거론하지 않고,
　이미 끝난 일이라 충고하지 않고,
　이미 지나간 일이라 탓하지 않겠다."

哀公問社於宰我. 宰我對曰: "夏后氏以松, 殷人以柏, 周人以栗, 曰使民戰栗." 子聞之,
曰: "成事不說, 遂事不諫, 旣往不咎."
애공문사어재아. 재아대왈: "하후씨이송, 은인이백, 주인이률, 왈사민전률." 자문지,
왈: "성사불설, 수사불간, 기왕불구." 〈팔일〉

말의 다스림은 예방적 노력이 최선이다. 해명이나 충고도 소용이 있을 때 해야 의미가 있다. 이미 지나간 과거의 일에 대하여 지금 현재의 시점에서 왈가왈부해봤자 아무 소용이 없다. 이미 돌이킬 수 없기 때문이다.

성사(成事)·수사(遂事)·기왕(旣往)의 세 가지 모두 이미 지나간 과거의 일이다. 더 이상 거론하지 않음이 현명한 처사이다. 다만 재발 방지의 노력은 선제적으로 해야 한다. 말의 다스림은 일상에서 인을 내면화하고 실천하는 자기 수양의 과정인 까닭이다.

참소와 하소연

말의 진실됨을 분별하기 위해서는 우선 자신의 편견과 선입견에서 자유로워야 하며, 사리사욕에 가려지지 않은 밝은 지혜와 판단력이 필요하다.

제자 자장이 사리판단의 밝음(명, 明)에 대해 물었다. 공자가 이렇게 말했다.

"서서히 스며드는 교묘한 비방과 피부에 와닿는 듯한 절절한 하소연에 넘어가지 않는다면 사리판단이 밝다고 할 수 있다.
서서히 스며드는 교묘한 비방과 피부에 와닿는 듯한 절절한 하소연에 넘어가지 않는다면 멀리 내다보는 밝은 안목이 있다고 할 수 있다."

子張問明, 子曰: "浸潤之譖, 膚受之愬, 不行焉, 可謂明也已矣. 浸潤之譖, 膚受之愬, 不行焉, 可謂遠也已矣."
자장문명, 자왈: "침윤지참, 부수지소, 불행언, 가위명야이의. 침윤지참, 부수지소, 불행언, 가위원야이의." 〈안연〉

사리판단의 밝음은 진실을 꿰뚫어 볼 수 있는 힘과 멀리 내다보는 안목에서 온다.

참(譖)은 남을 중상모략하거나 비방하는 행위다. 소(愬)는 개인적인 딱한 사정을 장황하게 늘어놓는 넋두리나 하소연이다. 물이 스며들 듯 조금씩 조금씩 서서히 남을 헐뜯는 은근한 참소는 진실을 눈치채기가 어렵다. 눈물과 동정에 호소하는 가슴 절절한 하소연을 무시하기란 쉽지 않다.

오직 진실의 언어를 보아야 한다. 참소와 하소연에는 화려한 꾸밈이 있다. 진실의 언어는 자연스럽고 질박하다. 절절한 호소보다는 소박한 한마디가 사람을 움직인다.

　말을 알아야 사람을 알아볼 수 있는 법이다.

03
말의 품격

．
．
．

사람과 말의 조화

말은 사람을 따라야 하고 사람은 말을 돌봐야 한다. 말을 보되
사람을 보아야 하며, 사람을 보되 말을 지켜야 한다. 공자는 이렇게
말했다.

"군자는 말만 듣고 사람을 등용하지 않으며,
  사람만 보고 그의 말까지 버리지는 않는다."

子曰: "君子不以言擧人, 不以人廢言."
자왈: "군자불이언거인, 불이인폐언." 〈위령공〉

말만 가지고 사람을 판단해서도 안 되지만 역으로 사람이 마음에
안 든다고 해서 그 사람의 훌륭한 말을 버려서도 안 되는 것이다.
하지만 문질빈빈이다. 말과 사람이 따로 노는 것은 인(仁)하다고 할
수 없다. 말과 사람이 일치되어야 한다.

사람도 말도 잃지 않는 법

말해야 할 때 말하고, 말을 하지 말아야 할 때 말하지 않는 것이 말의 품격이다. 말을 할 만한 사람과는 말하고, 말을 하지 말아야 할 사람과는 말하지 않는 것이 말의 품격이다. 공자는 이렇게 말했다.

> "더불어 말을 해야 할 때 말을 하지 않으면 사람을 잃고,
> 더불어 말하지 않아야 할 때 말을 하면 말을 잃는다.
> 지혜로운 사람은 사람도 잃지 않고, 말도 잃지 않는다."

子曰: "可與言而不與之言, 失人; 不可與言而與之言, 失言. 知者, 不失人, 亦不失言."
자왈: "가여언이불여지언, 실인; 불가여언이여지언, 실언. 지자, 불실인, 역불실언."
〈위령공〉

말로써 사람을 얻고 사람을 잃는다. 또한 말로써 말을 얻고 말을 잃는다. 지혜가 있는 지자(知者)는 말로써 사람도 얻고 말도 얻지만 어리석은 자는 말로써 사람도 잃고 말도 잃는다.

말은 소통이다. 말은 말이 통하는 사람과 하는 것이다. 말이 통하지 않는 사람에게 무리하게 말할 필요가 없는 것이다. 말로써 사람을 잃는 것은 어리석은 짓이고 말로써 말을 잃는 것은 무모한 짓이다.

말의 세 가지 허물

말의 품격은 공감과 배려에서 나온다. 다른 사람의 말을 끊고 말을 자르는 행위는 최악이다. 말을 해야 할 때 말하지 않는 것은 사

람으로서의 신뢰를 저버리는 일이다. 말을 할 때는 분위기를 살펴가며 상황에 적합하게 말하는 것이다. 공자는 이렇게 말했다.

"말할 때가 되지 않았는데도 먼저 말을 하는 것을 '조급하다'고 한다. 말할 때가 되었는데도 말하지 않는 것을 '속마음을 숨긴다'고 한다. 안색을 살펴보지도 않고 무턱대고 말하는 것을 '눈치가 없다'고 한다."

孔子曰: "侍於君子有三愆: 言未及之而言, 謂之躁; 言及之而不言, 謂之隱; 未見顏色而言, 謂之瞽."
공자왈: "시어군자유삼건: 언미급지이언, 위지조; 언급지이불언, 위지은; 미견안색이언, 위지고." 〈계씨〉

조급한 태도, 속마음을 숨기는 태도, 상황을 무시하는 눈치 없는 태도는 명백히 말의 품격을 떨어뜨리는 행위이다.

말과 실천

말의 덕은 실천에서 나온다. 아무리 좋은 말이라도 좋아하기만 하고 실천하지 않는다면 소용이 없는 일이다. 공자는 이렇게 말했다.

"올바른 말로 일러주는 것을 따르지 않을 수 있겠는가? 그러나 중요한 것은 실제로 잘못을 고치는 것이다. 은근하게 타이르는 말에 기뻐하지 않을 수 있겠는가? 그러나 중요한 것은 그 참뜻을 찾아 실천하는 것이다. 기뻐하기만 하고 참뜻을 탐구하지 않거나, 따르기만 하고 실제로 잘못을 고치지 않는다면, 나도 그런 사람은 끝내 어찌 할 수가 없구나."

子曰: "法語之言, 能無從乎? 改之爲貴. 巽與之言, 能無說乎? 繹之爲貴. 說而不繹, 從而
不改, 吾末如之何也已矣."
자왈: "법어지언, 능무종호? 개지위귀. 손여지언, 능무열호? 역지위귀. 열이불역, 종이
불개, 오말여지하야이의." 〈자한〉

말이 말에서 그치지 않고 실천으로 이어지려면 적어도 두 가지
를 실천해야 한다. 우선 법어(法語)처럼 귀감이 될 만한 좋은 말은
이미 검증된 진리이므로 마땅히 따르고 실천하는 길이다. 좋은 말
을 듣고도 잘못을 고치지 않는다면 겉으로만 따르는 척하는 것일
뿐이다. '손언(巽言)'이란 완곡하게 타이르고 인도해 주는 말이다.
스스로 생각하여 말의 의미를 헤아리고 실마리를 찾아서 실천해야
할 일이다.

　말이 귀중한 것은 실천을 이끌어 주기 때문이다. 실천하지 않는
말은 하나마나한 말이 된다. 말 속에 실천이 있고, 실천 속에 말이
있는 것이다.

한마디의 정치

　정치는 말로 한다. 말 한마디가 정치를 좌우하기도 한다. 노나라
임금 정공이 한마디 말로 나라를 흥하게 하고, 나라를 잃을 수도
있겠느냐고 질문했다. 공자의 대답 속에서 말의 힘을 볼 수 있다.

정공: 한마디 말로 나라를 흥하게 할 수 있는 그런 말이 있습니까?
공자: 말이란 그와 같이 결과를 기약할 수 있는 것이 아닙니다. 하

지만 사람들 말에 '임금 노릇 하기 어렵고, 신하 노릇 하기도 쉽지 않다'고 합니다. 만일 임금 노릇 하기 어려운 줄 안다면, 말 한마디가 나라를 흥하게 할 실마리가 되지 않겠습니까?"

정공: 한마디 말로 나라를 잃을 수 있는 그런 말이 있습니까?

공자: 말이란 그와 같이 결과를 기약할 수 있는 것이 아닙니다. 하지만 사람들 말에 '임금 노릇 하는 게 즐거운 것이 아니라, 말을 하면 아무도 거역하지 않는 게 즐겁다'고 합니다. 만일 그 말이 선한데 누구도 어기지 않는다면 또한 좋은 일이지 않겠습니까? 허나, 선하지 않은데도 그 말을 거역하지 않는다면, 한마디 말로 나라를 잃을 실마리가 되지 않겠습니까?" 〈자로〉

　말은 결국 사람됨의 표출이자 사람됨을 만드는 원천이다. 나라를 다스림이 한마디 말로 되는 것이 아니지만 결국 말 한마디가 나라를 움직인다.

04
침묵으로 말하기

.
.
.

말하지 않은 것

말의 주인은 말을 가린다. 할 말과 안할 말을 구분할 줄 안다. 해야 되는 말은 하고, 안해야 되는 말은 안하는 것이 말의 주인된 도리이다. 공자는 하지 않은 말이 있었다.

공자는 괴이한 일, 힘으로 하는 일, 사회를 어지럽히는 일, 귀신에 관한 일은 말하지 않았다.

子不語怪力亂神.
자불어괴력난신. 〈술이〉

괴력난신(怪力亂神)은 모두 상도(常道)에서 벗어난 정상과학이 아니다. 불가사의한 것에 대하여 말하면 말할수록 말의 가치는 떨어지고 말의 의미는 사라진다.

공자는 문행충신(文行忠信)을 말했다.〈술이〉 괴력난신은 신화와 주술의 세계이다. 문행충신은 이성과 리얼리즘의 세계이다. 공자는 배움을 좋아한 현실주의자였다.

비트겐슈타인이 '말할 수 없는 것에 대하여 침묵하라'고 말했듯이, 말하지 않음이 말하는 것이 될 때도 있다. 말로만 말하는 것은 아니다. 몸으로도 말하고 행동으로도 말을 한다. 때로는 침묵으로도 말을 한다.

드물게 말한 것

말은 하나가 아니다. '할 말, 안할 말', '좋은 말, 나쁜 말', '긴 말, 짧은 말', '자주 할 말, 드물게 할 말' 등 상황과 대상에 따라서 수없이 다양한 말들이 존재한다.

> 공자는 이익과 운명과 인에 대해서는 드물게 말했다.
>
> 子罕言利與命與仁.
> 자한언리여명여인. 〈자한〉

공자는 괴력난신에 대해서는 말하지 않았고, 이익과 운명과 인에 대해서는 드물게 말했다. 드물게 말했다는 한언(罕言)은 영어의 'hardly' 정도로, 거의 말하지 않았다는 의미이다.

군자는 이(利)가 아니라 의(義)를 추구하는 존재이다. 맹자가 양혜왕을 만나 "하필 이익을 말하는가, 오직 인의가 있을 뿐이다"라고 말한 것과 같은 맥락에서 이해할 수 있다.

공자는 결코 운명론자가 아니었다. 명(命)에 대하여 7회 정도 언급했을 뿐이다. 명(命)은 따를 뿐이지 논의의 대상이 아니다. 자공이 '인간의 본성과 천도에 관한 공자의 언급을 들을 수가 없었다'

〈공야장〉라고 한 말과 일맥상통한 의미이다.

반면 인(仁)은 109회나 등장한다. 하지만 많다, 적다, 자주, 드물게는 다분히 상대적인 개념임을 감안해야 한다. 인은 공자의 대표 사상이고 논어의 핵심 개념이다. 그 중요성에 비하여 결코 많다고 볼 수는 없을 것이다.

인은 실천적 개념이고 과정적 용어이기 때문에 논리적으로 정의하기에 적합하지가 않다. 의도적으로 드물게 말함으로써 그 가치를 높이고 의미를 강화하는 측면이 있다.

말하기를 꺼려한 것

상황에 따라서 말을 하기는 해야 하는데, 말하기가 곤란하거나 꺼려질 경우가 있다. 이런 경우 공자는 이렇게 말했다.

> 자로가 귀신 섬기는 일을 물었다.
> 공자: 사람도 제대로 섬기지 못하는데 어찌 귀신을 섬길 수 있겠느냐?
> 자로: 감히 죽음에 대해 여쭙겠습니다.
> 공자: 삶도 제대로 알지 못하는데 어찌 죽음을 알겠느냐?
>
> 季路問事鬼神, 子曰: "未能事人, 焉能事鬼?" 曰: "敢問死." 曰: "未知生, 焉知死?"
> 계로문사귀신, 자왈: "미능사인, 언능사귀?" 왈: "감문사." 왈: "미지생, 언지사?"
> 〈선진〉

공자의 생사관이 나타나 있는 유명한 장면이다. 귀신과 죽음은 공자가 말하지 않은 괴력난신(怪力亂神)에 해당하지만, 제자 자로가 물으니 귀신과 죽음을 사람과 삶으로 환원하여 빛나는 통찰을 주었다.

귀신을 섬기기 이전에 사람부터 섬겨야 하고, 죽음을 알려고 하기 이전에 삶부터 알려고 하는 것이 사람됨의 도리인 것이다. 주장하기도 어렵고, 입증하기도 곤란한 귀신과 죽음에 대하여 왈가왈부하기보다는 사람과 삶에 집중하는 것이 현명한 삶의 자세라고 밝혔다.

사람을 잘 섬기는 것이 곧 귀신을 섬기는 길이며, 삶을 잘 사는 것이 죽음을 아는 길이다. 사람은 죽음이 온다는 것을 알 수 있는 유일한 존재이다. 죽을 줄 알면서도 사는 존재가 사람이다.

이는 제자 번지가 지혜로움에 관하여 질문했을 때 대답한 것과 일맥상통한 의미이다.

> "사람이 마땅히 지켜야할 의(義)에 힘쓰고,
> 귀신은 공경하되 멀리하면 지혜롭다고 할 수 있다."
>
> 樊遲問知, 子曰: "務民之義, 敬鬼神而遠之, 可謂知矣."
> 번지문지, 자왈: "무민지의, 경귀신이원지, 가위지의." 〈옹야〉

귀신은 공경하되 멀리하는 것이 귀신을 섬기는 일이다. 누구도 잘 알 수 없는 무엇에 신경을 쓰기보다는 네 자신이 잘 할 수 있는 일에 관심을 쏟으라는 주문이다.

제9장

시의 길

시로 배우는 사랑의 진실

01

시의 마음

:
:
:

시적 체험

인간은 경이와 동경의 눈으로 원시의 세계를 보았다. 외경과 그리움으로 자연을 맞이하고 인간을 찾았다. 순수와 진실의 마음을 언어로 형용하면서 상징에 눈을 떴다.

인간만이 상징으로 소통한다. 인간은 상징으로 소통이 가능한 유일한 존재이다. 인간은 상징을 발명하고 상징을 소통시킴으로써 문화를 생성하고 문명을 일구어냈다.

상징은 시가 되었다.

사실 시는 이해의 영역이 아니라 느낌의 세계이다. 이성보다는 직관의 지평이다. 마음을 언어로 표상하면서 상징, 비유, 풍자의 아름다운 시적 언어가 싹을 틔웠다. 시적 언어는 인간의 가장 고등한 언어이다. 시는 언어의 꽃이다. 사람을 알기 위해서는 말을 알아야 하고, 말을 알기 위해서는 시를 알아야 한다.

논어는 교육의 언어를 시적으로 체험하는 시의 세계이다. 동시에 시적 언어를 교육적으로 체험하는 교육의 세계이다. 시와 교육, 교육과 시가 이미 하나의 세계이다.

논어는 상징과 비유, 함축과 도약의 시적 언어가 어우러지는 즐거운 한마당이다. 생략의 공간을 찾고 여백의 미를 음미해야 보이는 마음의 언어가 춤을 춘다. 시적 체험을 통해야 비로소 느낄 수 있는 통찰이 넘친다. 시적 상상력을 동원하여 원시의 마음으로 '그윽하게 째려보는' 맛을 만끽하길 바랄 뿐이다.

논어와 시

논어에서 『시(詩)』는 모두 『시경』을 말한다. '시'란 말의 출전이기도 한 『시경』은 송나라 때 붙여진 이름이고, 처음에는 그냥 『시』라고 불렀다. 『시』는 B.C 10세기부터 B.C 6세기까지 백성들이 불렀던 민요의 가사와 궁중에서 연주되었던 악곡을 모은 중국 최초의 시가집이다.

사마천은 『사기』「공자세가」에서 공자가 고대 민요 3천 편을 채록하여, 3백여 편으로 엄선하여 『시』로 편찬했다고 하였는데, 사실여부는 확실치 않다. 『시』는 311편의 민요를 '풍(風)', '아(雅)', '송(頌)'으로 분류하여 싣고 있다. 그중 6편은 본래부터 가사가 없는 악곡이기 때문에 제목만 있다. 가사로 된 시는 305편이다.

공자는 시를 사랑하고 시를 노래한 시인이었다. 시의 평론가였고 시의 교사였다. 평소에 늘 『시』에 관해 이야기했다고 〈술이〉 편에서 전한다. 『시』는 교육의 언어였다. 공자학교를 탄생시킨 '교시 과목'이며 불멸의 교과서였다.

『논어』에서 『시경』의 시를 직접 인용한 구절은 10장이며, 편명

등을 인용하여 평론한 구절은 5장이며, 공자가 시론(詩論)을 개진한 곳은 7장이다. 『논어』 전체의 500여 장 가운데 시와 직접 관련된 곳은 약 22장 정도로 적지 않은 비중을 차지한다.

진실한 마음

공자는 『시경』을 전체적으로 개괄하여 이렇게 평론했다.

"『시』 3백 편은 한마디로 '생각에 삿됨이 없다'는 것이다."

子曰: "『詩』 三百, 一言以蔽之, 曰 思無邪."
자왈: "『시』 삼백, 일언이폐지, 왈 사무사." 〈위정〉

『시경』에 실린 300여 편의 시를 사무사(思無邪) 한마디로 압축했다. 생각에 거짓이 없으며 동시에 사악함도 없다는 의미이다. '사무사'는 순수하고 바른 순정의 마음이다. 무엇으로도 더럽혀지지 않은 맑고 깨끗한 본연의 마음이다.

'사무사'의 주체를 누구로 볼 것이냐에 대하여 두 가지 주장이 있다. 하나는 시를 지은 작가의 마음에 삿됨이 없음을 말한다고 주장하고, 다른 하나는 시를 읽는 사람의 생각에 삿됨이 없어야 한다는 의미라고 주장한다. 하지만 굳이 구분할 이유가 하나도 없다고 본다. 시인이나 시나 독자나 모두 '사무사'의 마음이면 족하지 않을까.

'사무사'는 『시경』의 한 구절을 단장취의(斷章取義)한 것이다. 단장취의란 시나 문장의 원문 중에서 일부를 잘라내어 그 뜻을 취하거나, 임의로 인용하거나, 자기 주장의 논거로 삼아 합리화하는 것을 말한다.

『시경』「노송(魯頌)」'경(駉)'장에서 이렇게 노래했다.

말을 기르는 사람이 생각에 삿됨이 없으니
말은 달려가고만 있네.

思無邪, 思馬斯徂
사무사, 사마사조.

말을 기르는 사람이 말 기르는 일에 진심으로 전력하니 생각이
순정하고 정성이 지극하여 말이 잘 달린다는 것을 뜻한다.

공자는 '사무사'를 지향하는 시를 배움으로써 인간의 성정을 바르
게 바로잡아 사악하고 거짓된 생각이 일어나지 않게 하고자 하였
다. 시를 배우는 목적이 '사무사' 정신에 있으며, 사무사는 곧 사람
다움의 인(仁)을 의미한다.

시에서 일으키는 마음

논어의 교육 체계는 매우 합리적이며 체계적이다. 인간을 기본
축으로 하여 인격적 성숙과 학문적 완성을 동시에 추구하였다.

공자가 제시한 수양과 학문의 체계는 이렇다.

"시(詩)에서 마음을 일으키고,
  예(禮)에서 당당히 바로 서며,
  악(樂)에서 인격을 완성한다."

子曰: "興於詩, 立於禮, 成於樂."
자왈: "흥어시, 입어례, 성어악." 〈태백〉

시－예－악은 열락군자의 비전을 실천하기 위한 세 가지 요소이
자 단계이다. 시에서 사람다운 삶의 기쁨을 일으키며, 예에서 즐거
움을 나눌 수 있는 사회적 삶의 관계를 확립하며, 악(樂)에서 조화
롭고 자유로운 인격을 완성한다.

시가 처음이다. 시에서 시작한다. 처음에 방향을 잘 잡아 주어야
바른 길로 오래갈 수 있다. 시 공부의 첫 번째 의의는 삶의 방향성
이다.

흥어시(興於詩), 시에서 마음을 일으킨다. 시를 통해 인간 본연의
순정한 사람다움의 감흥을 일깨운다는 의미이다. 주자는 "시를 통
해 '선을 좋아하고 악을 미워하는 마음'(好善惡惡, 호선오악)을 불러일
으킨다"고 했다.

또한 시－예－악의 구조는 수양과 학문과 삶의 불가분성을 보여
준다. 예악이 없는 시는 의미를 완성하지 못하며, 시가 결여된 예악
은 성립하지 못한다. 시예악 자체가 하나이다. 수양과 학문과 삶 역
시 하나다.

02
시로 배움

∶

아버지의 가르침

공자는 아들에게 무엇을 가르쳤을까. 『논어』에 의하면 아버지 공자는 아들 백어(伯魚)에게 단 두 가지의 가르침 주었을 뿐이다. 두 가지 가르침은 시(詩)와 예(禮)였다. 그것도 직접 시와 예를 가르친 것이 아니라 '시를 배워야 한다', '예를 배워야 한다'라고 과제를 부여하는 방식으로 가르침을 주었다. 백어는 아버지의 말씀을 듣고 시와 예를 배웠다고 한다. 누구에게 어떻게 배웠는지는 알려지지 않았다.

시와 예에 대한 가르침은 제자 진항과 백어의 대화에서 찾아볼 수 있다. 진항이 백어에게 "아버지로부터 뭔가 특별한 가르침을 받은 것이 있겠지요?" 하고 묻자 백어가 이렇게 대답했다.

"없습니다. 한번은 혼자 계실 때 제가 종종걸음으로 마당을 지나가는데, '시를 배웠느냐?'라고 하시더군요. '아직 배우지 못했습니다'라고 대답했더니, '시를 배우지 않으면 말을 할 수가 없다'라고 하셨습니다. 저는 물러나와 시를 배웠습니다.

어느 날 또 혼자 계실 때 제가 종종걸음으로 마당을 지나가는데, '예를 배웠느냐?'라고 하시더군요. '아직 배우지 못했습니다'라고 대답했더니, '예를 배우지 않으면 제대로 설 수가 없다'라고 하셨습니다. 저는 물러나와 예를 배웠습니다. 이 두 가지 말씀을 들었을 뿐입니다."

진항이 물러나와 기뻐하며 말했다. "하나를 물어서 세 가지를 얻었구나. 시를 배워야 한다는 것, 예를 배워야 한다는 것을 들었고, 또 군자는 결코 자식을 특별히 취급하지 않는다는 것을 들었네."

陳亢問於伯魚曰: "子亦有異聞乎?" 對曰: "未也. 嘗獨立, 鯉趨而過庭. 曰: '學詩乎?' 對曰: '未也.' '不學詩, 無以言.' 鯉退而學詩. 他日又獨立, 鯉趨而過庭. 曰: '學禮乎?' 對曰: '未也.' '不學禮, 無以立.' 鯉退而學禮. 聞斯二者." 陳亢退而喜曰: "問一得三. 聞詩, 聞禮, 又聞君子之遠其子也."

진항문어백어왈: "자역유이문호?" 대왈: "미야. 상독립, 리추이과정. 왈: '학시호?' 대왈: '미야.' '불학시, 무이언.' 리퇴이학시. 타일우독립, 리추이과정. 왈: '학례호?' 대왈: '미야.' '불학례, 무이립.' 리퇴이학례. 문사이자." 진항퇴이희왈: "문일득삼. 문시, 문례, 우문군자지원기자야." 〈계씨〉

'뜰을 지날 때의 가르침'이라는 뜻을 가진 과정지훈(過庭之訓)의 출처가 이곳이다. 자식에게 퉁겨주는 부모의 가르침을 뜻한다. 군자의 자식 사랑은 요란하기보다는 그윽했다. 자식에 대한 가르침은 얕고 직설적인 편애가 아니라 적당한 거리를 두어 울림이 깊었다.

공자의 12자 가르침 '불학시 무이언(不學詩 無以言)', '불학례 무이립(不學禮 無以立)'은 공자학교의 교육목표이자 필수 교과목이다. 흥어시(興於詩), 입어례(立於禮)와 같은 맥락이다.

'시를 배우지 않으면 말을 할 수가 없다'는 의미는 시를 알아야 자기의 생각을 표현할 수 있고, 남들의 말도 알아들을 수 있으며, 사람됨을 알아볼 수 있다는 의미를 내포한다. 예를 알지 못하면 사회인으로 제대로 활동할 수가 없다.

담벼락을 마주하는 답답함

시를 배우지 않으면 말조차 할 수 없을 뿐만 아니라 담벼락을 마주하고 서 있는 것처럼 답답해서 세상살이를 제대로 할 수 없다고 하였다. 백어에게 이렇게 말했다.

> "너는 「주남」과 「소남」을 배웠느냐? 사람이 되어 「주남」과 「소남」을 배우지 않으면 마치 담벼락을 마주하고 서 있는 것과 같으리라!"
>
> 子謂伯魚曰: "女爲 「周南」·「召南」 矣乎? 人而不爲 「周南」·「召南」, 其猶正牆面而立也與"
> 자위백어왈: "여위 「주남」·「소남」 의호? 인이불위 「주남」·「소남」, 기유정장면이립야여"
> 〈양화〉

「주남(周南)」과 「소남(召南)」은 『시경』의 첫머리에 실린 의미가 깊은 노래들이다. 〈국풍(國風)〉의 제1편인 「주남」에는 11편이, 제2편인 「소남」에는 14편의 시가 실려 있다. 사랑의 진실된 마음을 일깨우며 인륜의 지극한 이치를 노래한 시들로 편성되어 있다.

담벼락을 마주하면 앞을 볼 수가 없다. 불통의 벽에 갇혀서는 말을 할 수도 없다. 앞을 내다보지 못하고, 말을 바르게 하지 못하면 세상을 제대로 살아 갈 수 없는 것이다. 다시 말하면 시를 통해야 비로소 세상과 소통할 수 있다는 것이다.

시가 좋은 일곱 가지 이유

공자는 시를 배우면 좋은 이유를 하나하나 구체적으로 제시하였다. 시 공부의 의의를 밝힌 시론(詩論)을 이렇게 펼쳤다.

"제자들아, 너희들은 왜 『시』를 배우지 않느냐?
『시』를 배우면 감흥을 불러일으킬 수 있고, 사물을 잘 볼 수 있으며, 사람들과 잘 어울릴 수 있고, 사리에 어긋나지 않게 원망할 수 있다. 가까이는 어버이를 섬기고, 멀리는 임금을 섬기며, 새와 짐승과 풀과 나무의 이름에 대해서도 많이 알게 된다."

子曰: "小子何莫學夫『詩』?『詩』可以興, 可以觀, 可以群, 可以怨. 邇之事父, 遠之事君, 多識於鳥獸草木之名."
자왈: "소자하막학부『시』?『시』가이흥, 가이관, 가이군, 가이원. 이지사부, 원지사군, 다식어조수초목지명."〈양화〉

시는 철학, 윤리학, 역사학, 정치학, 심리학뿐만 아니라 백과사전적 지식까지도 담을 수 있는 인식의 틀이요, 세상을 보는 창이며, 지혜의 샘이다. 공자가 일러준 시의 효용적 가치 7가지는 시의 본질적 의미와 아울러 광범위한 활용을 말해준다.

첫째 시는 흥(興)이다. 흥은 기쁘고 즐겁게 불러일으키는 마음이다. 시는 사람됨의 본연의 선한 마음을 불러일으켜 흥이 나게 하는 것이다.

둘째 시는 관(觀)이다. 시는 봄이다. 시를 통해 마음을 보고, 사람을 보고, 세상을 보고, 미래도 본다. 역사도 보고, 정치도 보고, 풍속도 본다. 물론 이것이 가능하려면 안목(眼目)을 넓히는 시 읽기가 선행되어야 한다.

셋째 시는 군(群)이다. 사람은 어울려서 무리를 짓고 산다. 사회는 사람의 모둠이고 모둠은 어울려야 형성된다. 사람됨의 사회적 관계를 맺고 유지하는 매체이자 교양이 바로 시다.

넷째 시는 원(怨)이다. 사람살이에 원망과 미움과 한탄이 없을 수는 없다. 슬플 때 슬퍼하고, 미울 때 미워할 수 있는 우아함이 시다. 특히 정치적 분노는 시로 표출될 때 힘 있다.

다섯째 시는 사부(事父)이다. 어버이를 사랑하는 마음이 시의 마음이다. 효(孝)의 정신이 시의 정신이다.

여섯째 시는 사군(事君)이다. 나라를 사랑하는 마음 역시 시의 마음이다. 충(忠)의 정신이 역시 시의 정신이다. 시를 통해 충과 효의 인륜의 도를 발현할 수 있다.

일곱째 시는 다식(多識)이다. 시를 통하면 많이 알 수 있다는 것이다. 시가 인간과 세상의 모든 것을 담을 수 있듯이 인간과 세상의 모든 것을 시에서 배울 수 있다.

시의 활용

아들 백어에게 말했듯이 시를 배우는 이유는 제대로 말하기 위함이고 세상을 바로 보기 위함이다. 시를 배우고 암송한들 자기의 생각을 말하지 못하고, 세상살이의 이치를 파악하지 못하면 소용이 없다. 공자는 이렇게 말했다.

"『시』3백 편을 외우더라도 정사를 맡겼을 때 제대로 해내지 못하고, 외국에 사신으로 가서도 독자적으로 대응을 할 수 없다면, 비록 시를 많이 외웠다 한들 무슨 소용이 있겠는가?"

子曰: "誦『詩』三百, 授之以政, 不達; 使於四方, 不能專對, 雖多亦奚以爲?"
자왈: "송『시』삼백, 수지이정, 부달; 시어사방, 불능전대, 수다역해이위?"〈자로〉

시뿐만 아니라 모든 공부는 외우는 것이 아니라 실천하는 것이다. 춘추시대 시는 중원의 여러 나라에 두루 통하는 보편적인 교양이었다. 시를 모르면 말을 할 수 없을 정도였다.

특히 시는 정치의 문법이며 외교의 언어로 각광받았다. 정치와 외교에 있어 시는 필수적인 교양이었다. 그래서 위정자들은 시를 배웠고 많이 암송했다. 언젠가는 쓰일 그날을 위해.

하지만 막상 그날이 왔을 때, 실력 발휘를 못하면 이미 실력이 아닌 것이다. 시를 제대로 외우지 못한 것이다. 얄팍한 머리로만 외우는 한계가 드러난 것이다. 시는 마음으로 암송하고 몸으로 익히는 것이다. 그대는 시를 암송하고 있는가.

03
마음을 닦는 시

> :
> :

물수리(관저, 關雎)

공자는 시를 통해서 사람됨 본연의 순정한 마음을 불러일으키고
자 하였다. 『시경』의 첫 번째 시 「관저」를 즐거워하되 음란에 빠지
지 않는 낙이불음(樂而不淫)과 슬퍼하되 마음을 해치지 않는 애이불
상(哀而不傷)으로 평했다.

"「관저」는 즐거우면서도 지나치지 않고,
  슬프면서도 마음을 상하게 하지는 않는다."

子曰: "「關雎」, 樂而不淫, 哀而不傷."
자왈: "「관저」, 낙이불음, 애이불상." 〈팔일〉

「관저」는 「주남」편에 제일 처음 나오는 시이다. 자신의 짝이 될
요조숙녀를 생각하는 청년의 마음을 그린 시이다. 주나라의 시조
문왕과 왕후를 예찬한 노래라고 알려지고 있다.
「관저」(물수리)의 전편은 이렇다. 무려 약 3,500년 전의 시다.

구욱구욱 물수리
황하 섬에서 울고 있네
요조숙녀여
군자의 좋은 짝이네

들쭉날쭉 마름나물
이리저리 헤치며 찾네
요조숙녀여
자나깨나 찾네
찾아도 얻지 못해
자나깨나 생각하네
그리웁고 그리워라
이리 뒤척 저리 뒤척 밤이 새네

들쭉날쭉 마름나물
여기저기서 캐고 있네
요조숙녀여
금슬좋게 사귀고 싶네
들쭉날쭉 마름나물
여기저기서 삶고 있네
요조숙녀여
종치고 북치며 즐기고 싶네

회사후소

제자 자하가 『시경』에 나오는 구절 '회사후소(繪事後素)'의 의미를 물었다. 시에서 그림으로, 예(禮)로 이어지는 지적 담론이 흥미롭다. 사제 간의 아름답고 모범적인 지적 대화이다.

> 자하: '고운 웃음에 보조개가 아름답고, 아름다운 눈에 눈동자가 또 렷하니, 흰 바탕에 무늬를 더하였네!'라는 것은 무엇을 말하는 것입니까?
>
> 공자: 그림 그리는 일은 바탕이 있은 다음이라는 것이다.
>
> 자하: 예가 나중이라는 말씀입니까?
>
> 공자: 나를 일으키는 자는 자하로구나! 이제 너와 함께 시를 말할 수 있게 되었구나.

子夏問: "'巧笑倩兮, 美目盼兮, 素以爲絢兮,' 何謂也?" 子曰: "繪事後素."
曰: "禮後乎?" 子曰: "起子者, 商也! 始可與言詩已矣."
자하문: "'교소천혜, 미목반혜, 소이위현혜,' 하위야?" 자왈: "회사후소."
왈: "예후호?" 자왈: "기여자, 상야! 시가여언시이의." 〈팔일〉

공자가 회사후소(繪事後素), '그림 그리는 일은 먼저 바탕이 있은 다음에 하는 것'이라고 일러주니, 자하가 단박에 알아듣고 예가 나중임을 깨닫자, 공자가 흐뭇해하였다.

흰 바탕이란 질(質)이 있은 연후에 그림을 그리는 꾸밈이 있듯이 사람다움의 인(仁)을 갖춘 후에 예의 의미가 빛난다는 말이다. 예의 정신이 인이고 인의 표현이 예라는 것을 일깨운 것이다. 충신(忠信) 의 바탕 위에서 예를 배우라는 의미이다.

한편 공자가 문질빈빈(文質彬彬)을 강조하였지만 바탕인 질(質)에 무게중심이 있음을 유추할 수 있다.

여기에 인용한 "巧笑倩兮, 美目盼兮"(교소천혜, 미목반혜)는 『시경』, 「위풍」, 〈석인(碩人)〉편 제2장에서 인용한 구절이다. 끝 구절 素以爲絢兮(소이위현혜)는 『시경』에 실리지 않은 일시(逸詩)이다.

미혹을 아는 법

제자 자장이 덕을 숭상하고 미혹됨을 분별하는 것에 대하여 물었다. 공자가 『시경』의 시를 단장취의하며 이렇게 말했다.

> "진심과 믿음을 주로 하고 의(義)에 합당하게 행동하는 것이 덕을 숭상하는 것이다. 좋을 땐 살기를 바라고, 미울 땐 죽기를 바라는데, 이는 이미 살기를 바랐다가 또 죽기를 바라는 것이니 미혹된 것이다. '진실로 부자 되려는 것이 아니라, 그저 색다른 것을 바랄 뿐이네'라는 시도 있네."

子張問崇德辨惑, 子曰: "主忠信, 徙義, 崇德也. 愛之欲其生, 惡之欲其死, 旣欲其生又欲其死, 是惑也. '誠不以富, 亦祇以異.'"
자장문숭덕변혹, 자왈: "주충신, 사의, 숭덕야. 애지욕기생, 오지욕기사, 기욕기생우욕기사, 시혹야. '성불이부, 역지이이.'" 〈안연〉

덕을 숭상한다는 의미는 명확하다. 충(忠)과 신(信)을 중심으로 행동하는 것이며 의(義)를 실천하는 길이다. 진심과 믿음과 정의가 판단의 기준이다.

문제는 혹(惑)에 있다. 미혹됨은 이랬다가 저랬다가 하는 경우처

럼 분별없이 왔다 갔다 하는 판단 미숙이다. 미혹은 자신의 이율배
반적인 감정에 현혹되어 삶을 파탄에 이르게 하는 어리석음이다.
무엇인가에 홀려 판단이 흐려지는 미성숙이다. 충신으로 중심을 잡
지 못하고, 의를 따르지 못하기 때문에 나타나는 소인적 행태이다.

　여기에 인용한 『시경』의 시는 소아(小雅)편의 「아행기야(我行其野)」
에 있는 내용이다. 해당 부분은 이렇다.

나 홀로 들을 가다가　　　　　我行其野(아행기야)

순무를 캐어 먹네　　　　　　言采其葍(언채기복)

옛 혼인은 생각지 않고　　　　不思舊姻(불사구인)

그대 새 짝을 찾고 있네　　　　求爾新特(구이신특)

진실로 부자 되려는 것이 아니라　成不以富(성불이부)

그저 색다른 것을 바랄 뿐이네　亦祇以異(역지이이)

— 소아(小雅) 「아행기야(我行其野)」 부분

전전긍긍

　증자가 병이 나자 문하의 제자들을 불러놓고 『시경』을 인용하여
효(孝)의 의미를 전하며 이렇게 말했다.

　"이불을 헤쳐 나의 손과 발을 보아라. 『시경』에 이르기를 '두려워서
　전전긍긍하는 것이 마치 깊은 연못가에 서 있는 듯하고, 얇은 얼음
　을 밟고 서 있는 것과 같다'라고 하였으니, 이제야 그 근심에서 벗어

남을 알겠구나. 제자들아."

曾子有疾, 召門弟子曰: "啓子足, 啓子手. 『詩』云: '戰戰兢兢, 如臨深淵, 如履薄氷,' 而今
而後, 吾知免夫! 小子!"
증자유질, 소문제자왈: "계여족, 계여수. 『시』운: '전전긍긍, 여임심연, 여리박빙,' 이금
이후, 오지면부! 소자!"〈태백〉

증자는 효의 대명사답게 임종 장면에서 부모로부터 물려받은 몸
이 온전히 잘 보존되고 있는지를 살폈다. 부모에게 받은 신체를 감
히 훼손할 수 없어 얇은 얼음을 밟듯 전전긍긍하며 살았노라고 회
고하며, 죽음에 임하여 비로소 그 걱정에서 벗어나게 되었노라고
말하고 있다. 자신의 몸을 훼손하지 않고 잘 보존하며, 자신을 지키
는 것이 효의 시작이자 종결이다.

여기에 인용한 『시경』의 구절은 소아(小雅)편에 실린 「소민(小旻)」
의 일부를 단장취의하였다. 전전(戰戰)은 두려워함이고 긍긍(兢兢)은
경계함을 의미한다. 해당 부분은 이렇다.

감히 맨손으로 호랑이 못 잡고	不敢暴虎(불감포호)
감히 걸어서 황하를 건너지는 못하네	不敢馮河(불감빙하)
사람들은 하나만 알고	人知其一(인지기일)
다른 좋은 것은 알지 못하네	莫知其他(막지기타)
두려워하듯 조심하기를	戰戰兢兢(전전긍긍)
깊은 못에 임하듯이 하고	如臨深淵(여임심연)
얇은 얼음판 밟듯이 해야 하네	如履薄冰(여리박빙)

— 소아(小雅) 「소민(小旻)」 부분

포호빙하

앞의 시 「소민(小旻)」의 "不敢暴虎(불감포호), 不敢馮河(불감빙하)"에서 포호빙하(暴虎馮河)라는 성어가 나왔다. 포호빙하는 '맨손으로 범을 때려잡고 걸어서 황하강을 건넌다'는 뜻이다. 무모한 만용을 이르는 말이다. 앞뒤 생각 없이 무턱대고 행동부터 하는 무대책을 말한다. 그 출처는 이러하다.

공자가 안연에게 "등용되면 행하고, 버리면 감출 수 있는 자는 오직 나와 너뿐일 것이다"라고 말했다. 이 말을 들은 자로가 "선생님께서 삼군을 통솔하게 된다면 누구와 함께 하겠습니까?"라고 묻자, 공자가 이렇게 말했다.

> "나는 맨손으로 범을 때려잡고 걸어서 강을 건너다가 죽어도 후회하지 않는 사람과는 함께하지 않겠다. 반드시 일에 임하면 두려운 듯이 신중하며, 계획을 잘 세워 일을 이루어내는 사람과 함께 하겠다."

子謂顏淵曰: "用之則行, 舍之則藏, 惟我與爾有是夫!" 子路曰: "子行三軍, 則誰與?" 子曰: "暴虎馮河, 死而無悔者, 吾不與也. 必也臨事而懼, 好謀而成者也."
자위안연왈: "용지즉행, 사지즉장, 유아여이유시부!" 자로왈: "자행삼군, 즉수여?" 자왈: "포호빙하, 사이무회자, 오불여야. 필야임사이구, 호모이성자야." 〈술이〉

백규

남용은 공자의 조카사위이다. 공자는 남용을 "나라에 도(道)가 있을 때에는 버림받지 않을 것이고, 나라에 도가 행해지지 않을 때에도 형벌은 면할 것이다"라고 평했다.〈공야장〉 남용은 '백규(白圭)'라는 시구(詩句)를 매일 세 번 암송했다고 한다.

　남용이 '백규'를 읊은 시를 하루에 세 번씩 암송하자, 형의 딸을 그에
　게 시집보냈다.

南容三復白圭, 孔子以其兄之子妻之.
남용삼복백규, 공자이기형지자처지. 〈선진〉

　여기에 제시된 '백규(白圭)'는 『시경』의 대아(大雅)편에 실린 「억
(抑)」(빈틈없음)에 나오는 시구이다. "백옥으로 만든 규의 흠은 오히
려 갈아 없앨 수 있지만, 말의 흠은 다스릴 수 없다"는 구절이다.
「억」은 왕이 백성을 잘 다스리고 법도를 지켜야 하며, 특히 말을
삼가야 함을 강조한 노래이다. 「억」 가운데 말조심에 관한 부분은
이렇다.

　그대의 백성들을 안정시키고
　제후로서의 법도를 삼가 지키어
　뜻밖의 사고에 대비해야 하네.
　그대의 말을 삼가고
　그대의 위엄 있는 몸가짐을 공경히 하여
　훌륭하지 않은 행동이 없어야 하네.
　흰 옥의 티는
　그래도 갈아내면 되지만
　말 속의 티는
　어떻게 할 수도 없는 거라네.

가벼이 말하지 말고

함부로 지껄이지 말기를.

내 혀는 아무도 건드리지 못하지만

한 말은 좇아가 잡을 수 없는 거라네.

어떤 말에든 보답이 있고

어떤 행위에든 응보가 있는 것이니,

친구들을 사랑하고

백성들과 젊은이들을 위해주면

자손들 끊임없이 번성하여

만민이 모두가 받들게 될 것이네.

─(김학주 역저, 『새로 옮긴 시경』, 784─786쪽)

04
학문을 닦는 시

:

절차탁마

〈학이〉편에서 자공은 『시경』을 인용하여 부지런히 학문과 덕행을 닦는 '절차탁마'의 공부에 대하여 말했다(공자와 자공의 대화는 12장 참조).

자공이 인용한 "여절여차 여탁여마(如切如磋 如琢如磨)"는 『시경』의 위풍(衛風) 「기오(淇澳)」(기수 물굽이)편의 시구이다. 「기오」는 위나라 군주 무공(武公)의 덕을 찬미한 노래이다. 무공이 학문을 쌓고 수신을 겸비하여 문채가 빛나는 훌륭한 군자의 덕을 갖추었음을 예찬하였다. "자른 듯, 간 듯, 쫀 듯, 다듬은 듯"이 옥을 갈고 닦아서 빛을 냈다는 뜻이다. 해당 부분은 이렇다.

저 기수가 물굽이를 바라보니　　　　瞻彼淇奧(첨피기오)
푸른 대나무 무성하네　　　　　　綠竹猗猗(녹죽의의)
문채나는 군자여　　　　　　　有匪君子(유비군자)

깎은 듯 다듬은 듯	如切如磋(여절여차)
쪼은 듯 간 듯하시네	如琢如磨(여탁여마)
장중하고 당당하여	瑟兮僩兮(슬혜한혜)
훤하고 의젓하시니	赫兮咺兮(혁혜훤혜)
문채나는 군자여	有匪君子(유비군자)
내내 잊을 수 없겠네	終不可諼(종불가훤)

— 위풍(衛風) 「기오(淇奧)」 부분

해치지도 않고 탐하지도 않다

공자는 제자들의 성향과 기질을 정확히 파악하고 있었을 뿐만 아니라 형편과 한계 역시도 충분히 헤아리고 가르침을 주었다. 특히 개성이 강한 자로에게는 한 번 올리고 한 번 누르는 억양법(抑揚法)을 통해 교육적 효과를 배가시키기도 하였다. 이런 일화가 있었다.

공자가 말했다. "해진 솜옷을 입고서 여우나 담비 가죽옷을 입은 사람과 같이 서 있어도 부끄러워하지 않을 사람이 바로 자로로다!" 그러나 '해치지도 않고 탐내지도 않으니 어찌 훌륭하지 않으리요?'라는 시의 구절을 자로가 평생 외우고 다니겠다고 하자, 공자가 말했다. "이 정도를 갖고 어찌 넉넉히 훌륭하다고까지 할 수 있겠는가?"

子曰: "衣敝縕袍, 與衣狐貉者立, 而不恥者, 其由也與! '不忮不求, 何用不臧?'" 子路終身誦之, 子曰: "是道也, 何足以臧?"
자왈: "의폐온포, 여의호학자립, 이불치자, 기유야여! '불기불구, 하용부장?'" 자로종신

송지, 자왈: "시도야, 하족이장?"〈자한〉

공자는 가난을 부끄럽게 여기지 않는 자로의 의연함을 칭찬함과 동시에 그의 자만심을 경계하고 간단없는 학문 연마를 당부하고자 했다. 가난에 마음이 흔들리지 않는 의기를 키워주되, 칭찬에 자만하지 말고 자기 수양과 학문 탐구를 게을리 하지 말라는 당부를 하였다.

여기에 인용한 『시경』의 구절은 패풍(邶風)편에 실린 「웅치(雄雉)」(수꿩)의 일부이다. 해당 부분은 이렇다.

저 해와 달을 보니	瞻彼日月(첨피일월)
이 내 시름 아득하여라	悠悠我思(유유아사)
길이 멀기만 한데	道之云遠(도지운원)
언제나 오실까	曷云能來(갈운능래)
여러 군자님들	百爾君子(백이군자)
덕행을 알지 못 하시네	不知德行(불지덕행)
해치지도 않고 탐내지도 않으니	不忮不求(불기불구)
어찌 훌륭하지 않으리요	何用不臧(하용불장)

— 패풍(邶風) 「웅치(雄雉)」 부분

마음이 전부

공자의 시 평론은 군더더기 없이 말끔하게 정곡을 찌른다. 진실은 질박하고 단순하다. 공자의 시평을 보자.

"산앵두나무 꽃이
하늘하늘 나부끼네
어찌 그대 그립지 않으리오마는,
그대 머무는 곳 너무 머네"
공자가 이 시에 대해 평했다.
"그리워하지 않는 것일 테지, 무엇이 멀리 있다는 것인가?"

"唐棣之華, 偏其反而! 豈不爾思? 室是遠而!" 子曰: "未之思也, 夫何遠之有?"
"당체지화, 편기반이! 기불이사? 실시원이!" 자왈: "미지사야, 부하원지유?" 〈자한〉

무슨 일이든 핑계를 대고 꾸미는 사람은 스스로를 똑똑하다고 여기는 경향이 있다. 하지만 사람들은 이미 그의 진실을 알고 있다. 변명은 아무리 꾸며도 금방 진실이 드러나는 것이다.
집이 멀어서 다가갈 수 없다는 초라한 핑계는 사랑의 자격없음을 스스로 고백한 것이나 다름없다. "인이 멀리 있단 말인가? 내가 인을 바라면 인은 곧 나에게로 다가온다"〈술이〉는 말을 상기하면 스스로 알 것이다.
여기에 실린 시는 『시경』에 전하지 않는 일시(逸詩)이다.

제10장

우정의 길

함께 길을 열어가는 사람들

01
벗의 의미

．
．
．

믿음이 있어야 벗이다

벗, 친구, 붕우에 관한 명언은 차고 넘친다. 우정론을 언급하지 않은 현인들은 거의 없을 정도다. 대부분 친구의 소중함을 역설하고 있다. 우정의 의미를 강조하는 가르침들이다.

인생에서 빼놓을 수 없는 사람이 친구다. 친구는 나를 비추는 거울이라고 한다. 내가 없는 삶이 있을 수 없듯이 친구 없는 삶은 있을 수 없다. 우리는 누구나 자기 자신이자 또한 친구다.

나는 누군가의 친구가 되고, 누군가는 나의 친구가 된다. 어떻게 친구가 되는가. 바로 관계를 맺으며 친구가 된다. 인간관계의 출발점이자 종착점이 친구관계이다.

벗은 사회적 삶에서 맺어진 수평적인 관계이다. 그 관계를 맺어주는 유일무이한 가치가 믿음이다. 벗은 신의로 맺어진 인륜적 관계이다. 신의로 유지되는 사회적 관계가 벗이다. 그러므로 신의가 없으면 아무것도 아닌 관계가 벗이다. 신의가 무너지면 더 이상 벗도 없다. 신의는 친구 관계의 전제이자 완성이다. 붕우유신(朋友有

信)을 그렇게 강조하는 이유이다.

공자는 벗들에게는 믿음을 주겠다는 붕우신지(朋友信之)〈공야장〉
를 자신의 포부로 피력했다. 증자는 "친구들과 사귀면서 신의를 지
키지 못한 일은 없는가"(與朋友交而不信乎. 여붕우교이불신호)〈학이〉를
매일 점검한다고 했다.

인(仁)을 도울 수 있어야 벗이다

여러 곳에서 강조하였듯이 논어에서 추구하는 삶은 인(仁), 사람
다움이다. 벗의 의미도 인을 떠나서는 존재할 수 없다. 증자는 이렇
게 말했다.

"군자는 문(文)으로써 벗을 모으고, 벗으로써 인(仁)을 돕는다."

曾子曰: "君子以文會友, 以友輔仁."
증자왈: "군자이문회우, 이우보인."〈안연〉

이문회우(以文會友), 이우보인(以友輔仁). 이상적인 우정론으로 자
주 언급되는 구절이다.

친구가 되는 관계맺음은 더불어 함께 하는 문(文)에서 비롯된다.
여기서 문은 인(仁)을 추구하는 시서예악이다. 넓은 의미로는 학문
일반으로 볼 수 있다. 인을 향한 학문을 연마하는 과정 속에서 자
연스럽게 친구관계를 형성한다는 뜻이다.

친구관계를 유지하는 관계맺음은 보인(輔仁)이다. 서로의 사람됨
을 북돋아주는 사이가 친구이다. 친구를 통해 서로의 인의 정도와
수준을 넓혀 나가는 것이다. 친구관계는 인을 실천하는 과정인 것

이다.

같은 길을 갈 수 있어야 벗이다

벗은 단순히 아는 사람이 아니다. 얼굴만 아는 관계를 친구라 하지는 않는다. 벗은 서로 잘 아는 관계이다. 무엇을 아는가. 바로 서로의 뜻을 잘 아는 관계이다. 서로의 지향을 공유하는 관계이다. 공통의 가치관과 관심사로 서로의 지평을 넓힌다. 공자는 이렇게 말했다.

> "도(道)가 같지 않으면 함께 일을 도모하지 않는다."
>
> 子曰: "道不同, 不相爲謀."
> 자왈: "도부동, 불상위모." 〈위령공〉

벗의 의미다. 더불어 같은 길을 가는 사람이 벗이다. 함께 도를 닦는 벗, 도우(道友)이다. 자기와 지향이 닮고 관심사가 닮은 사람이다. 유유상종(類類相從)이다. 그래서 친구를 보면 그 사람을 알 수 있다고 한다.

물론 여기서 말하는 도(道)는 공자가 말하는 '바른 이 길', 즉 사도(斯道)이다. 사람다움의 인(仁)을 실천하는 길이다. 따라서 친구는 인함을 도와주는 사람, 이우보인(以友輔仁)이다.

즐거움을 나눌 수 있어야 벗이다

"벗이 먼 곳에서 찾아오니 그 어찌 즐겁지 않으랴"(有朋自遠方來,

不亦樂乎. 유붕자원방래, 불역낙호.)〈학이〉

　벗은 즐거워야 한다. 즐겁지 않다면 이미 친구가 아니다. 친구관계는 즐거움을 나누는 관계이다. 여기서 즐거움의 내용을 보아야 한다. 같은 길(道)을 가는 벗의 성장을 나누는 즐거움이다. 서로가 열심히 배우고 익힘으로써 서로의 인(仁)의 정도가 깊어지고 넓어짐을 나누는 즐거움이다.

　또한 벗은 만나야 한다. 만나지 않는다면 이미 친구가 아니다. 여기서 만남은 시간과 공간의 문제가 아니다. 마음으로 만나야 한다. 시간적으로 얼마나 자주 만나야 좋은 만남이라는 정석은 있을 수 없다. 공간적으로 멀리 있든 가까이 있든 변수가 될 수 없다. 물론 천리길을 멀다않고 찾아오면 반가움이 배가될 것이다. 벗의 만남은 마음의 만남이다. 마음으로 즐거움을 나눌 수 있어야 벗이다.

02
나의 선택

선택으로 관계 맺음

친구관계는 인간적 도리인 신의로써 맺어진 관계이다. 믿음이 없으면 깨어지는 관계인 것이다. 믿음을 유지하기 위한 노력이 배움이고 수기(修己)이다. 친구관계는 곧 믿음관계이다.

그런데 믿음의 관계를 유지하기 위한 전제가 믿음관계의 형성, 즉 친구관계의 생성이다. 친구는 친구를 선택함으로써 이루어지는 관계이다. 선택이 근본이다. 공자는 이렇게 말했다.

"진심과 믿음을 주로 하며,

　자기와 뜻이 같지 않은 사람을 벗삼지 말고,

　잘못이 있으면 고치기를 주저하지 말아라."

子曰: "主忠信, 毋友不如己者, 過則勿憚改."
자왈: "주충신, 무우불여기자, 과즉물탄개."〈자한〉

여기서 핵심어는 충(忠)과 신(信)이다. 충은 자신의 참된 마음이다. 자신에게 진실되게 최선을 다하는 마음인 진기(盡己)이다. 그러므로 과즉물탄개(過則勿憚改), 즉 잘못이 있으면 고치기를 주저하지 않는다. 잘못이 있으면 바로 잘못을 고치는 것이 충이다. 신(信)은 인간관계를 형성하고 유지하는 근본이다. 믿음이 없으면 관계가 맺어지지 않는다.

자기와 뜻이 같지 않는 사람과는 친구관계를 맺을 수도 없고 유지할 수도 없다. 자신의 참된 마음을 나눌 수도 없고, 더불어 함께하는 관계인 믿음관계를 이어갈 수도 없다.

선택의 의미

인간의 행위는 선택에 의해 이루어지는 행위이다. 삶은 선택의 연속이다. 선택에 책임지는 것이 삶이다.

〈명심보감〉에 선(善)한 사람과 지내는 것은 향초가 있는 방에 들어가는 것과 같고, 불선(不善)한 사람과 지내는 것은 생선가게에 들어가는 것과 같다고 했다. 어느 방에 들어갈 것인가는 자기가 선택하는 것이다. 공자는 이렇게 말했다.

"세 사람이 길을 가면 반드시 나의 스승이 있다.
좋은 점을 선택하여 본받고,
좋지 못한 점으로는 자신을 바로잡는다."

子曰: "三人行, 必有我師焉. 擇其善者而從之, 其不善者而改之."
자왈: "삼인행, 필유아사언. 택기선자이종지, 기불선자이개지." 〈술이〉

"현명한 사람을 보면 그와 나란히 될 것을 생각하고,
현명하지 못한 사람을 보면 속으로 자신을 반성한다."

子曰: "見賢思齊焉, 見不賢而內自省也."
자왈: "견현사제언, 견불현이내자성야." 〈이인〉

배움이 지극한 경지이다. 좋은 점을 따르고, 나쁜 점은 고쳐나가는 것이 배움이다. 현명한 사람을 보면 그 수준에 도달하기 위해서 노력하고, 현명하지 못한 사람을 보면 스스로를 되돌아보면서 성찰하는 것이 공부다.

정면교사와 반면교사를 함께 벗할 수 있는 것이 선택의 의미이다. 선택의 책임은 자신의 사람됨을 책임지는 것이다. 하지만 훌륭함(善)과 현명함(賢)을 선택하여 따르고 나란히 하는 정면교사가 언제나 우선한다.

친구관계는 좋은 점, 현명한 점을 선택하여 본받고 따르는 관계이다. 배울 점이 있는 존재, 본받을 점이 있는 존재가 친구의 의미이다. 친구의 개념 속에는 이미 스승의 의미가 함의되어 있다. 스승이 될 수 없다면 친구도 될 수 없다고 했다. 스승으로 삼을 만한 벗을 사우(師友)라 한다. 아끼고 존경하는 벗인 외우(畏友)가 친구의 본래 모습이다.

배움의 대상이 무궁무진하듯이 보고 배울 수 있는 벗의 대상도 실로 다양하다. 책을 통하여 벗으로 삼은 선인을 상우(尙友)라 한다. 자연에도 무수히 많은 벗들이 있다. 윤선도의 오우(五友)가 대표적인 사례이다. 문방사우(文房四友)라고 했듯이 일상에서 흔하게 접하는 사물에서도 배울 수 있는 것이 벗이다. 심지어 자기가 자기를 벗 삼기도 했다. 실학자 이덕무는 '오우아(吾友我)'를 아호로 삼았다.

인한 사람을 벗하라

인의 실천은 삶의 모든 영역에서 지속적으로 이루어져야 하는 과정이다. 공자는 인을 실천하는 길은 먼저 인한 사람과 벗하는 것이라고 말했다.

"기술자는 일을 하려고 할 때 반드시 그 연장부터 손질한다.
어느 나라에 살든지 대부들 가운데 현명한 사람을 섬기고, 선비들 가운데 인한 사람과 벗해야 한다."

子貢問爲仁, 子曰: "工欲善其事, 必先利其器. 居是邦也, 事其大夫之賢者, 友其士之仁者."
자공문위인, 자왈: "공욕선기사, 필선리기기. 거시방야, 사기대부지현자, 우기사지인자."
〈위령공〉

03

지속가능한 사귐

:
:

벗의 유형

친구를 사귐에 있어 생각해 봐야 할 친구의 유형을 제시했다. 이
로운 벗, 해로운 벗으로 구분한 이분법적 유형화가 도식적인 측면
이 있지만 스스로를 되돌아보는 데 좋은 공부거리가 된다. 공자가
말했다.

"이로운 벗이 셋이 있고 해로운 벗이 셋이 있다.
정직한 사람을 벗하고, 신의가 있는 사람을 벗하고, 견문이 많은 사
람을 벗하면 유익하다.
위선적인 사람을 벗하고, 아첨 잘하는 사람을 벗하고, 말만 번지레
한 사람을 벗하면 해롭다."

孔子曰: "益者三友, 損者三友. 友直, 友諒, 友多聞, 益矣; 友便辟, 友善柔, 友便佞, 損矣."
공자왈: "익자삼우, 손자삼우. 우직, 우량, 우다문, 익의; 우편벽, 우선유, 우편녕, 손의."
〈계씨〉

이로운 교우는 정직, 신의, 견문에 기반하고, 해로운 교우는 위
선, 아첨, 말만 번지레한 경우이다.

덕의 힘

친구관계뿐만 아니라 모든 인간관계를 형성하고 유지하는 힘은
인간적인 매력이다. 인간적 매력이 곧 덕(德)이다. 덕은 인의 발현
이고 인은 덕의 내면화이다.

덕은 사람과 관계에서 위력을 발휘한다. 공자가 말했다.

"덕은 외롭지 않고 반드시 이웃이 있다."

子曰: "德不孤, 必有隣."
자왈: "덕불고, 필유린." 〈이인〉

덕은 인을 몸에 배게 하는 반복적인 실천을 통해 비로소 얻게 된
다. 자기가 하고 싶지 않은 것을 남에게 시키지 말라는 기소불욕
물시어인(己所不欲 勿施於人)을 실천하는 배려와 공감은 인간적 매력
을 사회화하기에 충분하다. 덕은 이웃을 이룬다.

세한도(歲寒圖)

완당 김정희는 유배생활 중에 〈세한도〉를 그렸다. 잘 나갈 때 그
많던 '친구들'을 소나무와 잣나무가 대신하고 있다. 세한도에는 '장
무상망(長毋相忘)'이라 새긴 인장이 찍혀있다. 오래도록 서로 잊지
말자는 의미이다.

〈세한도〉의 화제(畫題)는 공자의 말에서 따왔다.

"날씨가 추워진 뒤에야 소나무와 잣나무가 나중에 시듦을 안다."

子曰: "歲寒, 然後知松栢之後彫也."
자왈: "세한, 연후지송백지후조야." 〈자한〉

아침 따로 저녁 따로 변덕스러운 세태에 휘둘리지 않고 신의 관계를 유지하기란 쉽지 않다. 오직 서로의 인을 돕는 보인(輔仁)의 성숙한 관계라야 가능하다.

오래가는 길

오래 가는 사귐은 아름답다. 오래 가는 사귐은 스며드는 것이다. 스며드는 것은 시나브로 서로에게 젖어드는 것이다.

오래 가는 사귐은 인(仁)에 기반해야 한다. 이익을 추종하는 이해관계가 개입되면 오래갈 수 없다. 친구관계에 갈등이 초래되기 쉬우며 믿음에 금이 간다. 급기야 실망과 배신감을 불러오기도 한다.

오래가는 사귐은 오랠수록 조심하는 사귐이다. 가까워졌다고 함부로 대할수록 빨리 멀어진다. 공자는 오래되어도 사람들을 함부로 대하지 않고 공경해야 사귐이 오래 간다고 했다.

"안평중은 사람들과 사귀기를 잘 하여, 오래되어도 공경하였다."

子曰: "晏平仲善與人交, 久而敬之."
자왈: "안평중선여인교, 구이경지." 〈공야장〉

공자가 품평한 안평중(晏平仲)은 공자와 같은 시대에 제나라의 재상을 지낸 안영(晏嬰)이다.

충고의 미학

함께 길을 가는 사람이 친구다. 같이 길을 걷다보면 이런저런 의견이 생기고 서로에게 조언을 하게 된다. 이 경우 적절한 수준에서 그칠 줄 알아야 한다. 자공이 친구에 관하여 물었다. 공자는 이렇게 말했다.

> "진실된 마음으로 조언을 해주고 잘 인도하되, 그래도 할 수 없다면 그만둘 일이지, 스스로 욕을 자초하지는 말아라."
>
> 子貢問友, 子曰: "忠告而善道之, 不可則止, 無自辱焉."
> 자공문우, 자왈: "충고이선도지, 불가즉지, 무자욕언." 〈안연〉

우리가 일상적으로 쓰는 충고(忠告)와 선도(善導, 善道)의 출처가 여기다.

충고는 어렵다. 우선 진실된 마음이 전제되어야 한다. 진정성이 있어야 충고다. 그래도 충고를 받아들이는 친구의 마음을 다 헤아리지 못하는 경우가 많기 때문에 충고는 어렵다.

충고는 배려의 마음이 우선되어야 한다. 올바른 소리도 상황에 맞게 적절히 해야 한다. 옳은 말이라도 지나치면 역효과가 난다. 안하는 것만 못한 경우가 생긴다.

충고를 하다가 아니다 싶으면 바로 그만두어야 한다. 어떠한 경우라도 충고는 최소한이 미덕이다. 최대한은 잔소리이고 교만이다. 절제가 없는 충고는 이미 폭력이다.

제자 자유도 같은 맥락에서 이렇게 말했다.

"윗분을 섬김에 있어서 간언을 자주 하면 곤욕을 당하게 되고, 친구와 사귐에 있어서 충고를 자주 하면 사이가 소원해지게 된다."

子游曰: "事君數, 斯辱矣; 朋友數, 斯疏矣."
자유왈: "사군삭, 사욕의; 붕우삭, 사소의." 〈이인〉

제11장

제자의 길

기쁜 우리 젊은 날

01
배움의 공동체

⋮

공자학단의 제자들

공자는 선사(先師)다. 최초의 스승이자 가장 오래된 스승이다. 춘추시대 말기의 극심한 혼란을 배움과 가르침의 힘으로 극복하고자 한 스승이었다. 사람이 사는 사회의 질서와 규범으로 사문(斯文)을 열고, 사람답게 살아가는 도덕과 수양으로 사도(斯道)를 개척했다.

그 길에 제자가 있었다.

사마천이 『사기』에서 〈중니제자열전〉을 따로 편성할 정도로 제자들의 존재는 충분히 의미가 있었다. 오늘날 공자가 존재하게 된 배경에는 제자가 있었다. 제자가 있었기 때문에 공자가 존재했다. 제자들로 인하여 공자가 공자로 자리매김할 수 있었다고 해도 결코 지나친 말이 아닐 것이다.

제자들이 있어 14년간의 망명 생활을 견딜 수 있었으며, 제자들의 빛나는 질문과 성실한 기록으로 인하여 『논어』가 세상에 나올 수 있었다.

4과10철(四科十哲)

사마천에 의하면 공자의 제자들은 3천여 명에 달했다고 한다. 그 가운데 당시의 필수 교양인 육예(六藝)에 정통한 제자가 77명에 이르렀다고 한다. 그 중에서 특히 훌륭한 10명의 제자를 공문10철(孔門十哲)이라 하고, 그들의 주특기인 분야를 4개 과목으로 구분하여 4과10철(四科十哲)이라고 한다.

덕행이 훌륭한 제자는 안연·민자건·염백우·중궁이었고,

언어에 뛰어난 제자는 재아와 자공이었고,

정사에 능한 제자는 염유와 자로였고,

문학에 밝은 제자는 자유와 자하였다.

德行: 顔淵·閔子騫·冉伯牛·仲弓; 言語: 宰我·子貢; 政事: 冉有·季路; 文學: 子游·
子夏.
덕행: 안연·민자건·염백우·중궁; 언어: 재아·자공; 정사: 염유·계로; 문학: 자유·
자하. 〈선진〉

공자학단을 대표하는 10명의 탁월한 제자들이 두각을 나타낸 분야를 덕행, 언어, 정사(政事), 문학의 네 분야로 분류하였다.

첫째는 덕행이다. 덕행은 극기복례의 인(仁)을 실천하는 바탕이며 위기지학의 학문을 연마하는 근본이다. 〈술이〉 편에서 공자는 문·행·충·신(文行忠信) 네 가지를 가르쳤다고 했는데, 그 가운데 행·충·신, 3가지가 덕행에 해당한다. 공자 교육의 핵심이다.

불천노(不遷怒), 불이과(不貳過)의 호학자 안연을 비롯하여 효행의 모범으로 인정받은 민자건, 몹쓸 병에 걸려 안타까움을 더한 염백우, 군주의 자리에 오를만하다고 평한 중궁이 덕행을 대표하는 제자들이다.

둘째는 언어(言語)이다. 언어는 일반적인 언어 구사능력뿐만 아니라 외교활동에서 행하는 임기응변적인 문제해결능력도 포괄한다. 재아와 자공이 언어를 대표한다.

셋째는 정사(政事)이다. 정사는 정무적인 행정과 군사에 이르는 제반 실무능력이다. 염유와 자로를 꼽았다.

끝으로 넷째는 문학(文學)이다. 문학은 시(詩), 서(書), 역(易)과 같은 고문헌에 대한 이해, 문서의 정리와 보급을 말한다. 자유와 자하가 두각을 나타냈다.

공자학단이 성공할 수 있었던 이유

공자학단은 민간 교육이 전문적으로 이루어진 최초의 집단이었다. 공자학단이 형성되고 유지될 수 있었던 배경은 크게 3가지 정도로 정리할 수 있다.

첫째는 사회적 배경이다. 춘추시대 말기는 구시대의 봉건적 질서가 해체되고 새로운 질서가 형성되는 전환기적 시기였다. 기존의 세습적인 신분체제가 흔들리면서 혈통보다는 능력을 중시하는 사회적 분위기가 형성되었다. 능력적인 의미에서 '인재'를 찾기 시작했다. 배움을 통해 능력을 갖출 수 있는 능력 본위의 시대가 도래한 것이다.

둘째는 교육적 배경이다. 교육은 가르치는 사람과 배우는 사람의 만남이다. 배우고자 하는 자가 가르쳐 줄 스승을 찾아 가면서 교육은 시작된다.

　제자들이 보기에 명성과 능력을 갖춘 공자라는 탁월한 스승의 존재는 매력적이었다. 학문적인 식견은 물론 인격적인 감화로 제자들의 모든 질문에 언제 어디서든지 답을 줄 수 있는 스승의 존재는 제자들을 끌어들이기에 충분했다.

　셋째는 개인적 배경이다. 공자학단의 제자들은 대부분 귀족보다 하급 계층의 자제들이었다. 이들은 배움을 통해 사회적 신분 상승과 정치 참여의 길을 열고자 하였다. 제자들은 장차 관직에 진출하고자 하는 '관료 예비군'이었다.

　제자들과의 관계

　공자는 늘 제자들과 함께 했다. 14년간의 주유열국의 망명생활에서도 제자들과 함께 동고동락했고, 귀국 후 만년기의 학문 탐구와 교육에서도 제자들과 함께 진심을 다했다. 일상생활뿐만 아니라 학문에서도 제자들과 토론하며 함께 공부했다. 공자는 이렇게 말했다.

"그대들은 내가 숨긴다고 생각하느냐?
　나는 그대들에게 숨기는 것이 없노라.
　이것이 바로 나 공구라는 사람이다."

子曰: "二三子以我爲隱乎? 吾無隱乎爾! 吾無行而不與二三子者, 是丘也."
자왈: "이삼자이아위은호? 오무은호이! 오무행이불여이삼자자, 시구야." 〈술이〉

　제자들과 배움의 공동체를 형성한 공자는 제자들에게 일거수일투족을 투명하게 보여주었다. 삶의 과정을 통해 자신의 모든 인격을 내보이며 자연스럽게 생활 속의 가르침을 행하였다.

제자들과의 관계에 대하여 이렇게 전한다.

민자건은 곁에서 모시며 정중했고, 자로는 굳셌으며, 염유와 자공은 온화했다. 공자가 이를 즐거워했다. 그리고 덧붙였다. "자로와 같은 사람은 제명에 죽지 못할 거 같구나."

閔子侍側, 誾誾如也; 子路, 行行如也; 冉有·子貢, 侃侃如也. 子樂. "若由也, 不得其死然."
민자시측, 은은여야; 자로, 항항여야; 염유·자공, 간간여야. 자락. "약유야, 부득기사연."
〈선진〉

제자들과의 관계 속에서도 그들의 성품이 드러난다. 공손하고 정직하며, 굳세고, 즐겁고 편안한 관계였다. 공자는 제자들이 소질과 적성을 계발하며 개성을 발휘하는 것에 기뻐했다. 다만 자로는 성격이 강직하여 자칫하면 해를 입기 쉬웠기 때문에 공자가 우려했다. 실제로 자로는 위나라 내란에 휩쓸려 비참하게 죽었다.

우러러 볼수록 높아만 지네

"스승의 은혜는 하늘같아서 우러러 볼수록 높아만 지네"라는 〈스승의 날 노래〉의 가사는 논어에서 나왔다. 일상생활 곳곳에 논어의 가르침이 스며들어있다. 수제자 안연은 공자의 높고도 큰 가르침에 감탄하며 이렇게 말했다.

"우러러보면 볼수록 더욱 높고, 뚫으면 뚫을수록 더욱 굳세며, 눈앞에 있는가 하면 어느새 뒤에 계신다. 선생님께서 차근차근 사람을

잘 이끌어 주시니, 문으로 나를 넓혀주고, 예로써 단속해 주신다. 그
만두고 싶어도 그만둘 수 없네. 이미 나의 재주를 다 쏟았건만 또 저
기 우뚝 서 계시네. 비록 따르고자 해도 따라갈 수가 없구나."

顏淵喟然歎曰: "仰之彌高, 鑽之彌堅, 瞻之在前, 忽焉在後. 夫子循循然善誘人, 博我以
文, 約我以禮, 欲罷不能. 旣竭吾才, 如有所立卓爾, 雖欲從之, 末由也已."
안연위연탄왈: "앙지미고, 찬지미견, 첨지재전, 홀언재후. 부자순순연선유인, 박아이
문, 약아이례, 욕파불능. 기갈오재, 여유소립탁이, 수욕종지, 말유아이." 〈자한〉

안연은 공자의 가르침을 문으로써 넓혀 주고, 예로써 단속하는
박문약례(博文約禮)로 요약하고, 그 길에 임하는 자세를 그만두고 싶
어도 그만둘 수 없는 욕파불능(欲罷不能)으로 정리했다. 기갈오재(旣
竭吾才)는 자기의 모든 에너지를 다 쏟아 부어 최선을 다하는 모습
이다. 스승과 제자가 진리탐구와 인격도야의 길을 공유하는 이상적
인 배움의 공동체라고 하겠다.

02

배움과 가르침은 하나다

:
:

교학상장(敎學相長)

'선생은 가르치고 학생은 배운다'는 명제에 대하여 다시 생각해 봐야 한다. 가르침과 배움을 이분법적으로 분리된 별개의 과정으로 파악하면 한쪽 측면만 바라보는 좁은 시야에 갇히게 된다. 가르치면서 배우고 배우면서도 가르친다. 효학반(斅學半)이라고 했듯이 가르침은 절반의 배움이다. 공자는 이렇게 말했다.

> "회는 나를 돕는 사람이 아니구나. 그는 내 말에 기뻐하지 않은 것이 없었으니까."
>
> 子曰: "回也非助我者也, 於吾言無所不說."
> 자왈: "회야비조아자야, 어오언무소불열." 〈선진〉

공부의 기본은 성실하게 배움에 임하는 것이지만, 선생의 입장에서 단순히 받아들이기만 하는 학생보다는 자신을 도와주는 학생을 원한다. 학생이 선생을 돕는 방법은 질문이다. 질문은 선생뿐 아니라 학생 스스로를 돕는 방법이다.

가르치는 내용에 대한 학생의 의문과 반박은 선생을 풍요롭게 하며 교육을 건강하게 한다. 선생과 학생, 가르침과 배움의 상호작용을 통해 가르침의 새로운 경지를 열어가고, 배움의 드넓은 지평을 개척한다.

여기서 한 걸음 더 나아가면 질문조차도 뛰어넘는 염화시중의 세계로 접어든다. 안회의 기쁨은 이미 이심전심의 가르침이다. 공자 역시 심심상인으로 안회의 기쁨을 맞이하고 있다.

인재시교(因材施敎)

학생들의 소질과 능력은 제각각이다. 공자는 학습자의 소질과 적성, 관심과 흥미, 수준과 상황을 고려해서 교육하는 인재시교(因材施敎)를 행하였다. 공자는 학습자 맞춤형 눈높이 교육의 선구자다. 학습자의 상황에 따라 가르치는 방법뿐 아니라 내용도 달라졌다. 공통의 교과서나 진도가 없었으며, 고정된 수업이나 획일적 평가도 없었다. 오직 학생 한 명 한 명이 독립된 인격으로 존재했다.

교육이 일어나는 다양한 사태에 주목한 것이다. 인(仁)에 대한 여러 제자의 질문에 각기 다른 가르침을 펼쳤다. 동일한 문제 상황에 대하여 각기 상이한 해법을 제시하기도 했다. 심지어 같은 제자가 같은 질문을 3번 반복했는데도 그 대답은 각기 달랐다. 학습자가 이해할 수 있는 수준을 고려했고 실천할 수 있는 상황을 배려했기 때문이다. 인재시교는 학습자 중심 교육의 선구적인 모델이다.

자로와 염유에 대한 가르침에서 인재시교의 진면목을 발견할 수 있다.

자로:	들으면 바로 행해야 합니까?
공자:	부형이 계시는데 어찌 들었다고 바로 행하겠느냐?
염유:	들으면 바로 행해야 합니까?
공자:	들으면 바로 행하여라.
공서화:	자로가 들으면 바로 행해야 하느냐고 물었을 때는 '부형이 계신다'고 하시고, 염유가 들으면 바로 행해야 하느냐고 물었을 때는 '들으면 바로 행하라'라고 말씀하셨습니다. 제가 혼란스러워서 감히 그 까닭을 여쭙고자 합니다.
공자:	염유는 물러나는 성격이라 적극적으로 나서게 한 것이고, 자로는 남의 몫까지 하려 하기 때문에 물러서도록 한 것이다.

子路問: "聞斯行諸?" 子曰: "有父兄在, 如之何其聞斯行之?" 冉有問: "聞斯行諸?" 子曰: "聞斯行之." 公西華曰: "由也問: '聞斯行諸?' 子曰: '有父兄在.' 求也問: '聞斯行諸?' 子曰: '聞斯行之.' 赤也惑, 敢問." 子曰: "求也退, 故進之; 由也兼人, 故退之."
자로문: "문사행저?" 자왈: "유부형재, 여지하기문사행지?" 염유문: "문사행저?" 자왈: "문사행지." 공서화왈: "유야문: '문사행저?' 자왈: '유부형재.' 구야문: '문사행저?' 자왈: '문사행지.' 적야혹, 감문." 자왈: "구야퇴, 고진지; 유야겸인, 고퇴지." 〈선진〉

자로는 용감무쌍한 행동파이고 염유는 꼼꼼한 장고파라 할 수 있겠다. 자로에게는 한 번 더 신중하게 생각하라고 주문하였고 염유에게는 소극적으로 물러나지만 말고 옳은 일을 들으면 적극적으로 나서라고 가르침을 주었다. 학생의 성장을 이끄는 사람이 선생이다.

제자들의 성장

제자들의 성격과 자질을 고려하여 가르침을 베풀었지만 제자들의 성장은 서로가 달랐다. 같은 학교를 나온 동기 동창이라고 하더라고 서로가 두각을 나타내는 분야가 다른 것과 같은 이치이다. 공자는 이렇게 말했다.

"함께 공부할 수는 있어도 더불어 도(道)로 나아갈 수는 없고, 함께 도로 나아갈 수는 있어도 더불어 설 수는 없으며, 함께 설 수는 있어도 더불어 상황에 따른 바른 판단을 할 수 있는 것은 아니다."

子曰: "可與共學, 未可與適道; 可與適道, 未可與立; 可與立, 未可與權."
자왈: "가여공학, 미가여적도; 가여적도, 미가여립; 가여립, 미가여권." 〈자한〉

여기서 학(學), 도(道), 입(立), 권(權)은 배움이 깊어지는 네 단계이다. 함께 배우는 단계에서 충서의 도를 추구하는 단계, 예를 실천하여 사회적 존재로 바로 서는 단계 그리고 권도(權道)를 행하는 단계로 나아간다. 권도는 상황과 사리를 저울질하여 최적의 해결책을 모색하여 시의적절하게 처리하는 시중(時中)의 도리를 말한다.

동문수학하는 관계라고 하더라도 배움의 단계에서 함께하는 처지들이 달라진다. 각자의 배움만큼 깊어진다. 또한 공자는 이렇게 말했다.

"싹은 돋았으되 꽃을 피우지 못하는 것도 있고,
꽃은 피었으되 열매를 맺지 못하는 것도 있구나."

子曰: "苗而不秀者有矣夫, 秀而不實者有矣夫"
자왈: "묘이불수자유의부, 수이불실사유의부" 〈자한〉

안연의 단명을 염두에 두고 한 말이라고 풀이하지만, 비단 안연
뿐이겠는가. 누구라도 아름답게 꽃 피우고 튼실하게 열매 맺기를
바랄뿐이다.

스승과 제자들의 포부

공자는 제자들의 꿈에 관하여 관심이 많았다. 수시로 제자들의
뜻과 포부를 물었다. 삶의 방향성을 중시한 것이었다.

스승 같은 제자 안회와 친구 같은 제자 자로와 함께 서로의 포부
를 이야기했다.

공자: 각자 자신의 포부를 말해 보지 않겠느냐?

자로: 수레와 말과 좋은 가죽옷을 벗들과 함께 나눠 쓰다가 못쓰게
      되더라도 유감스럽게 생각하지 않았으면 합니다.

안연: 잘하는 것을 자랑하지 않고, 공로를 과시하지 않았으면 합니다.

자로: 선생님의 포부를 듣고 싶습니다.

공자: 노인들은 편안하게 해주고, 벗들에게는 믿음을 주고, 젊은이
      들은 품어주고자 한다.

顔淵·季路侍, 子曰: "盍各言爾志?" 子路曰: "願車馬衣裘, 與朋友共, 敝之而無憾." 顔淵
曰: "願無伐善, 無施勞." 子路曰: "願聞子之志." 子曰: "老者安之, 朋友信之, 少者懷之."
안연 · 계로시, 자왈: "합각언이지?" 자로왈: "원거마의구, 여붕우공, 폐지이무감." 안연
왈: "원무벌선, 무시로." 자로왈: "원문자지지." 자왈: "노자안지, 붕우신지, 소자회지."
〈공야장〉

자로는 공동체 지향적인 친구간의 의리를, 안연은 자기 성찰적인 극기복례를, 공자는 사람답게 사는 평화로운 세상을 마음에 품은 뜻으로 말하고 있다. 뜻을 품고 살며, 포부를 공유하며 생활하는 아름다운 관계가 배움의 공동체이다.

제자들에 대한 평가

논어에 나타난 제자들의 면면을 보면 자로는 자로답고, 안회는 안회답고, 자공은 자공답다. 뿐만 아니라 염구, 재아, 자하, 자장 등도 모두 그 개성과 수준이 분명하게 드러난다. 단순히 논어의 탁월한 인물 묘사라고 할 수도 있겠지만, 평소의 지향을 공유하고 일상의 모습을 관찰해야 가능한 것이다. 무엇보다도 공자는 애정의 눈으로 제자들의 전모를 파악하고 사람됨의 바른 길로 인도한 최초의 스승이었다.

계강자가 자로, 자공, 염유에 대하여 정치에 종사하게 할 만한 인물인가를 물었다. 공자는 세 제자의 소질과 특장점을 단 한 글자씩 구체적으로 제시하며 충분히 가능하다고 답했다.

계강자: 자로는 정치에 종사하게 해도 되겠습니까?

공자: 자로는 과단성이 있으니, 정사를 돌보는 데 무슨 어려움이 있겠습니까?

계강자: 자공은 정치에 종사하게 해도 되겠습니까?

공자: 자공은 사리에 밝으니, 정사를 돌보는 데 무슨 어려움이 있겠습니까?

계강자: 염유는 정치에 종사하게 해도 되겠습니까?

공자: 염유는 재능이 많으니, 정사를 돌보는 데 무슨 어려움이 있
        겠습니까?

季康子問: "仲由可使從政也與?" 子曰: "由也果, 於從政乎何有?" 曰: "賜也可使從政也
與?" 曰: "賜也達, 於從政乎何有?" 曰: "求也可使從政也與?" 曰: "求也藝, 於從政乎何有?"
계강자문: "중유가사종정야여?" 자왈: "유야과, 어종정호하유?" 왈: "사야가사종정야
여?" 왈: "사야달, 어종정호하유?" 왈: "구야가사종정야여?" 왈: "구야예, 어종정호하유?"
〈옹야〉

인물평에 관심이 많고 비교하기를 좋아한 자공이 자장과 자하의
사람됨을 묻는 대화에서 공자는 이렇게 평했다.

자공: 자장과 자하 중에 누가 더 뛰어납니까?

공자: 자장은 지나치고 자하는 미치지 못한다.

자공: 그러면 자장이 더 낫습니까?

공자: 지나친 것은 미치지 못하는 것과 같다.

子貢問: "師與商也孰賢?" 子曰: "師也過, 商也不及." 曰: "然則師愈與?" 子曰: "過猶不及."
자공문: "사여상야숙현?" 자왈: "사야과, 상야불급." 왈: "연즉사유여?" 자왈: "과유불급."
〈선진〉

'지나친 것은 미치지 못하는 것과 같다'라는 과유불급(過猶不及)의
출처가 이곳이다. 지나친 것이나 미치지 못하는 것이나, 모두 적절
하고 알맞은 중(中)의 기준에서 벗어난 것이다. 지나침이 부족함보
다 나을 수도 없고, 부족함이 지나침보다 나을 수도 없다. 오직 중
용이 있을 뿐이다.

또한 제자들에 대한 평가는 엄정했다. 몇몇 제자들의 결점을 간

단명료하게 한 글자씩 지적하기도 했다.

시는 어리석고, 삼은 아둔하고, 사는 치우쳤고, 유는 거칠다.

柴也愚, 參也魯, 師也辟, 由也喭.
시야우, 삼야노, 사야벽, 유야언. 〈선진〉

시(柴)는 자고(子羔), 삼(參)은 증삼(曾參), 사(師)는 자장(子張), 유
(由)는 자로(子路)의 이름이다.

03
제자들의 세계

:
:

스승 같은 제자, 안회

덕행을 대표하는 수제자 안회는 공자가 자신보다 낫다고 평가할 정도로 모범 그 자체였다. 안회는 가난한데도 도(道)를 즐길 줄 아는 안빈낙도의 정신으로, 불천노 불이과의 호학을 실천하였으며, 사리사욕을 극복하고 예로 돌아가는 극기복례의 삶을 살았다.

공자는 안회에 대하여 이렇게 말했다.

> "어질구나, 회여! 한 그릇의 밥과 한 바가지의 물로 누추한 곳에 살면서도, 다른 이들은 그 근심을 견디지 못하거늘, 회는 그 즐거움을 바꾸지 않는구나. 어질도다, 회여!"
>
> 子曰: "賢哉回也! 一簞食, 一瓢飮, 在陋巷, 人不堪其憂, 回也不改其樂. 賢哉回也!"
> 자왈: "현재회야! 일단사, 일표음, 재누항, 인불감기우, 회야불개기락. 현재회야!"
> 〈옹야〉

안회가 단사표음(簞食瓢飮)의 생활 속에서도 바꾸지 않은 '그 즐거움(기락, 其樂)은 사람다움의 길을 가는 즐거움이며 배움의 즐거움이다. 공자는 이렇게 말했다.

"안회는 그 마음이 석 달에 이르도록 인(仁)에서 어긋나지 않으나, 그 나머지 사람들은 하루나 한 달에 한 번 인에 이를 뿐이다."

子曰: "回也, 其心三月不違仁, 其餘則日月至焉而已矣."
자왈: "회야, 기심삼월불위인, 기여즉일월지언이이의." 〈옹야〉

또한 호학의 실천자로서의 면모를 이렇게 말했다.

"일러주면 게을리 하지 않는 사람은 아마도 안회이리라!"

子曰: "語之而不惰者, 其回也與!"
자왈: "어지이불타자, 기회야여!" 〈자한〉

"애석하도다! 나는 그가 나아가는 것을 보았지 멈추는 것을 보지 못했다."

子謂顔淵曰: "惜乎! 吾見其進也, 未見其止也."
자위안연왈: "석호! 오견기진야, 미견기지야." 〈자한〉

극기복례하는 삶의 모습에 대하여 이렇게 말했다.

"내가 안회와 하루 종일 이야기를 나누었는데 내 뜻과 어긋나는 말을 전혀 하지 않아 마치 어리석은 사람처럼 느껴졌다. 물러간 뒤 그가 평소에 생활하는 것을 살펴보니 그 내용을 제대로 실천하고 있었다. 안회는 결코 어리석지 않구나."

子曰: "吾與回言終日, 不違, 如愚. 退而省其私, 亦足以發, 回也不愚."
자왈: "오여회언종일, 불위, 여우. 퇴이성기사, 역족이발, 회야불우."〈위정〉

안연이 죽자 공자는 하늘을 원망했다. 〈선진〉 편에 4개의 장에 걸쳐 안회의 죽음에 대한 애통한 심경을 피력했다.

"아! 하늘이 나를 버리시는구나! 하늘이 나를 버리시는구나!"

顏淵死, 子曰: "噫! 天喪予! 天喪予!"
안연사, 자왈: "희! 천상여! 천상여!"〈선진〉

친구 같은 제자, 자로

용감하고 강직한 제자, 자로는 공자보다 9살 연하의 친구 같은 제자였다. 생각보다는 행동이 앞섰으며, 거친 언행으로 수시로 면박을 받았으나, 의리를 중시하여 신의가 두텁고 끈기와 열정이 있었다.

자로의 용기에 대해서는 자타가 인정했다. 공자는 이렇게 말했다.

공자가 "도(道)가 행해지지 않아 뗏목을 타고 바다로 나간다면 나를 따라올 사람은 아마 자로일 것이다"라고 말했다. 자로가 이 말을 듣고 기뻐하자 공자가 말했다. "자로는 용맹을 좋아함이 나를 능가하건만 재(材)를 취할 바가 없구나."

子曰: "道不行, 乘桴浮於海, 從我者其由與!" 子路聞之喜. 子曰: "由也好勇過我, 無所取材."
자왈: "도불행, 승부부어해, 종아자기유여!" 자로문지희. 자왈: "유야호용과아, 무소취재."
〈공야장〉

공자도 자로의 용기와 신의를 인정하였지만 사리를 헤아리는 면
이 부족함을 아쉬워했다.

자로는 배움에 있어서도 실천으로써 신의를 지키고자 하였다.

자로는 가르침을 듣고 그것을 아직 다 실행하지 못했으면 또 새로운
가르침을 듣게 될까 두려워했다.

子路有聞, 未之能行, 唯恐有聞.
자로유문, 미지능행, 유공유문. 〈공야장〉

자로의 강직하고 신의 있는 성품에 대하여 공자는 이렇게 말했다.

"한마디 말로 소송을 판결할 수 있는 사람은 바로 자로일 것이다. 자
　로는 약속을 하면 묵혀 두는 일이 없었다."

子曰: "片言可以折獄者, 其由也與! 子路無宿諾."
자왈: "편언가이절옥자, 기유야여! 자로무숙낙." 〈안연〉

공자는 자로에게 용기는 의(義)로 다스려져야 한다고 강조하며
이렇게 가르침을 주었다.

자로: 군자는 용기를 숭상합니까?
공자: 군자는 의(義)를 최상으로 여긴다. 군자가 용기만 있고 의로
　　　움이 없으면 난을 일으키고, 소인이 용기만 있고 의로움이 없
　　　으면 도적질을 하게 된다.

子路曰: "君子尙勇乎?" 子曰: "君子義以爲上, 君子有勇而無義爲亂, 小人有勇而無義爲盜."
자로왈: "군자상용호?" 자왈: "군자의이위상, 군자유용이무의위난, 소인유용이무의위도."

행동이 앞서는 자로의 무모한 용맹은 공자의 말문을 막기도 하
였다.

> 자로가 자고를 비 땅의 읍재로 삼았다.
> 공자: 남의 자식을 망치는구나.
> 자로: 다스릴 백성이 있고 받들 사직이 있는데, 어떻게 꼭 글을 읽
>   어야 공부를 한다고 하겠습니까?
> 공자: 이래서 말 잘하는 사람을 미워하는 것이다.

子路使子羔爲費宰, 子曰: "賊夫人之子." 子路曰: "有民人焉, 有社稷焉, 何必讀書然後爲
學?" 子曰: "是故惡夫佞者."
자로사자고위비재, 자왈: "적부인지자." 자로왈: "유민인언, 유사직언, 하필독서연후위
학?" 자왈: "시고오부녕자." 〈선진〉

한편 자로는 공자의 진로에 대하여 두 번에 걸쳐 반대하였다. 진
(晉)나라에서 필힐이란 자가 반란을 일으켰을 때와 노(魯)나라 공산
불뉴라는 자가 반란을 일으키고 공자를 초빙하였을 때, 공자는 초
빙에 응하려는 마음이 있었으나 자로는 노골적으로 반대했다.〈양
화〉 자로의 의견이 반영되었는지는 알 수 없지만 결과적으로 공자
는 초빙에 응하지 않았다.

'역사에 가정은 없다'라고 하지만 역사적 상상력을 포기할 이유도
없다. 만약 공자가 반란 진영에 가담하였다면 공자가 공자로 존재할
수 있었을까. 지금의 『논어』가 탄생할 수 있었을까를 생각해본다.

영혼없는 전문 관료, 염구

염구는 당대의 권력자들이 탐을 낸 정사(政事)에 능한 제자이다. 계씨의 행정관으로 발탁되어 세무전문가로 활약했다. 하지만 공자의 가르침을 수행하기에는 역부족이라 변명하며, 인(仁)과 예(禮)을 익히고 행하는 데는 소극적이었다.(앞의 5장 참조)

공자는 염구에 대하여 재능이 많기 때문에 정사를 돌보는 데 어려움이 없을 것이라고 평가했다.〈옹야〉 또한 "천 호나 되는 큰 고을과 경대부의 집안에서 총괄하는 직책을 맡길 만은 하지만, 그가 인한지는 모르겠다."〈공야장〉라고 평했다.

한편 "만일 알아주는 사람이 있다면 어떻게 하겠는가?"는 공자의 물음에 염구는 이렇게 대답했다. "사방 60~70리 혹은 50~60리의 땅을 제가 다스린다면, 대략 3년 만에 백성들을 풍족하게 할수 있습니다. 하지만 예악(禮樂)에 관해서는 군자를 기다리겠습니다."〈선진〉

공자는 예악을 통한 수기치인의 도(道)를 가르쳤는데, 염구는 예악에 대해서는 관심이 없다고 말했다. 염구가 '선생님의 도(子之道)'에 대하여 진정으로 기뻐하지 않았음을 엿볼 수 있다.〈옹야〉

계씨는 주공보다 더 부유했는데, 염구가 그를 위해 세금을 거둬들여 그를 더 부유하게 해주었다.

이에 공자가 말했다. "그는 내 제자가 아니다. 너희들은 북을 울리며 그를 공격해도 괜찮다."

季氏富於周公, 而求也爲之聚斂而附益之. 子曰: "非吾徒也. 小子鳴鼓而攻之可也."
계씨부어주공, 이구야위지취렴이부익지. 자왈: "비오도야. 소자명고이공지가야."〈선진〉

공자의 가르침에 대하여 역부족이라 핑계를 대고, 계씨의 주구(走狗)가 되어 가렴주구(苛斂誅求)에 앞장서더니, 급기야 공자로부터 파문을 당했다. 공자는 예악을 아랑곳하지 않는 '영혼없는 전문가 관료'에 대하여 분노했다. 공자학단의 인재상은 사람다움의 인(仁)으로 자기를 닦고 조화로운 질서와 규범으로 백성을 편안하게 하는 데 기여하는 군자였다.

논리에 집착한 궤변론자, 재아

재아(宰我) 또는 재여(宰予)는 언어 구사력이 뛰어나 10대 제자의 반열에 올랐지만, 그 말재주 때문에 공자로부터 심한 꾸지람을 받은 제자이다. 사마천은 〈중니제자열전〉에서 "구변이 날카롭고, 말을 조리있게 잘하였다"라고 기술했다. 재아는 당시의 상례인 3년 상이 길다고 반박하기도 하였으며,〈팔일〉 밤나무 율(栗)을 전율의 율(慄)로 해석하여 엉터리 주장을 펴기도 하였다.〈양화〉 또한 가정법을 동원하여 공자의 인(仁) 사상을 논박하기도 하였다.〈옹야〉

재아에 대한 공자의 평가가 형성된 결정적인 계기를 제공한 일화가 있다.

재여가 낮잠을 자고 있자, 공자가 말했다. "썩은 나무는 조각을 할 수 없고, 거름흙으로 쌓은 담장은 흙손질을 할 수 없다. 재여에 대해 더 이상 무엇을 꾸짖겠는가?"

공자가 이어서 말했다. "처음에 나는 사람을 대할 때 그의 말을 듣고는 그의 행실을 믿었는데, 이제는 사람을 대할 때 그의 말을 듣고도 그의 행실을 살펴보게 되었다. 재여로 인해서 이렇게 태도를 바꾼 것이다."

'재여의 낮잠'에 대하여 공자가 왜 이토록 크게 화를 냈는지에 세 가지 정도의 해석이 있다. 하나는 잠의 성격에 대한 것이다. 여기서 침(寢)은 그냥 꾸벅꾸벅 조는 정도가 아니라 옷을 벗고 본격적으로 잔다는 의미이다. 낮에 하는 통상적인 행위가 아니다. 재여의 주침 (晝寢)을 '대낮에 여자와 자고 있었다'고 풀이하는 경우이다.

다른 하나는 침실의 꾸밈에 관한 것이다. 낮 주(晝)를 그림 화(畵) 의 오자로 간주하고, 침실을 지나치게 화려하게 꾸미는 것은 예에 맞지 않다고 본 것이다.

끝으로 재여의 언행 불일치에 관한 것이다. 말보다는 행실을 보 게 되었다는 공자의 태도 변화에서 알 수 있듯이 재여의 낮잠은 한 두 번이 아니었을 것이다. 상습적으로 낮잠을 자면서도 매번 다시 는 낮잠을 자지 않겠다고 다짐하고는 실천을 하지 않았기 때문에 공자가 더 이상의 기대를 접은 것으로 풀이할 수 있다. 문맥상 가 장 타당한 해석으로 보인다.

공자는 말뿐인 사람, 말에 진실성이 없는 사람, 말과 행동이 일치 하지 않는 사람을 증오했다.

효행의 대변자, 증자

증자라는 존칭으로 불리는 증삼(曾參)은 공자보다 46세 연하의 말년의 제자이지만 『논어』에서 중요하게 다루어지고 있다. 공자의 일이관지한 도(道)를 충서(忠恕)로 해석하였으며,〈이인〉일일삼성(一日三省)으로 열락군자의 비전을 성찰적으로 실천해 나갔다. 〈학이〉또한 죽을 때까지 살얼음판을 걷듯 전전긍긍하며 효를 행했다.〈태백〉

증자가 말했다. "선비는 뜻이 크고 의지가 강인해야 하나니, 책임은 무겁고 갈 길은 멀기 때문이다. 인(仁)을 자신의 임무로 삼으니 또한 책임이 무겁지 않은가? 죽은 뒤에야 그만두는 것이니 또한 갈 길이 멀지 않은가?"

曾子曰: "士不可以不弘毅, 任重而道遠. 仁以爲己任, 不亦重乎? 死而後已, 不亦遠乎?"
증자왈: "사불가이불홍의, 임중이도원. 인이위기임, 불역중호? 사이후이, 불역원호?"
〈태백〉

'책임은 무겁고 갈 길은 멀다'는 임중도원(任重道遠)은 인(仁)의 길을 가는 선비의 자세와 책무를 압축적으로 제시하고 있다. 사람다움의 길은 삶의 과정 속에서 체현하는 것이며 '죽은 뒤에야 그만둘 수 있는 것'이다. 비록 아둔하다는 평가를 받았지만 죽는 순간까지 최선을 다하는 끈기와 매일 자신을 되돌아보는 성찰로 공자의 학통을 이어받은 제자로 인정받고 있다.

학파의 개척자, 자하

자하(子夏)의 이름은 복상(卜商)이며, 공자보다 44세 연하이다. 문학에 조예가 깊어 10대 제자에 올랐다. 공자 사후에 '자하학파'를 형성하며 공자 사상의 보전과 선양에 크게 기여했다.

『시경』의 구절을 인용하여 '회사후소'를 질문함으로써 공자로부터 큰 칭찬을 받기도 하였다.〈자로〉 호학의 의미를 정의하기도 하고,〈자장〉 학문을 통한 인의 실천 방법에 대하여 규명하기도 하였다.〈자장〉

고전 문헌에 밝았던 만큼 학문하는 자세에 대하여 소신을 펼쳤다. 군자로서의 인격 도야와 학문 연마에 전념해야지 작은 기예에 정력을 낭비해서는 안 된다고 강조했다.

자하가 말했다. "비록 작은 기예라 할지라도 반드시 볼 만한 것이 있을 테지만, 도를 추구하는 먼 길을 가는 데 장애가 될까 염려되기 때문에 군자는 그런 것을 추구하지 않는다."

子夏曰: "雖小道, 必有可觀者焉, 致遠恐泥, 是以君子不爲也."
자하왈: "수소도, 필유가관자언, 치원공니, 시이군자불위야."〈자장〉

자하가 말했다. "기술자는 작업장에서 일함으로써 자기 일을 성취하고, 군자는 배움으로써 자기 도(道)를 이룬다."

子夏曰: "百工居肆以成其事, 君子學以致其道."
자하왈: "백공거사이성기사, 군자학이치기도."〈자장〉

자하가 말했다. "벼슬을 하면서도 여유가 있으면 학문을 닦고 학문을 닦다가도 여유가 있으면 벼슬을 한다."

子夏曰: "仕而優則學, 學而優則仕."
자하왈: "사이우즉학, 학이우즉사." 〈자장〉

수기치인의 길은 인격 수양과 학문 탐구와 출사가 하나로 이어지는 삶의 과정이다. 선비는 나아감과 물러남의 미학을 통해 자기를 완성하고 세상에 참여하는 삶을 살았다.

자하가 거보 지역의 읍재가 되었을 때 정치에 관하여 물었다. 공자는 이렇게 지침을 주었다.

"빨리 성과를 보려 하지 말고, 작은 이익을 추구하지 말아라. 빨리 성과를 보려 하면 제대로 성과를 달성하지 못하고, 작은 이익을 추구하면 큰일이 이루어지지 않는다."

子夏爲莒父宰, 問政, 子曰: "無欲速, 無見小利. 欲速, 則不達; 見小利, 則大事不成."
자하위거보재, 문정, 자왈: "무욕속, 무견소리. 욕속, 즉부달; 견소리, 즉대사불성."
〈자로〉

출세 지향의 제자, 자장

자장(子張)의 이름은 전손사(顓孫師)이며, 공자보다 48세 연하인 만년의 제자이다. 과유불급의 과(過)에 해당될 만큼 지나치고 극단적이라는 평가를 받았으며 관직에 진출하는 길에 대하여 관심이 많았다.

자장과 공자의 대화에서 자장의 성격과 지향을 확인할 수 있다.

자장: 선비는 어떻게 하면 통달했다고 할 수 있습니까?

공자: 네가 말하는 통달이란 것이 무엇이냐?

자장: 나라 안에서도 반드시 명성이 있고 집안에서도 반드시 명성이 있는 것입니다.

공자: 이는 명성이 있는 것이지 통달한 것이 아니다.

통달한다는 것은 본바탕이 곧고 의로움을 좋아하며, 남의 말을 잘 헤아리고 모습을 잘 살피며, 자신을 남보다 낮추어 생각하여, 나라 안에서도 반드시 통달하고 집안에서도 반드시 통달하는 것이다.

명성이 있다는 것은 겉모습은 인(仁)을 취하면서도 행실은 인에 어긋나고, 그렇게 살면서도 의심조차 없어서, 나라 안에서도 명성이 있고 집안에서도 명성이 있는 것이다.

子張問: "士何如斯可謂之達矣?" 子曰: "何哉爾所謂達者?" 子張對曰: "在邦必聞, 在家必聞." 子曰: "是聞也, 非達也. 夫達也者, 質直而好義, 察言而觀色, 慮以下人. 在邦必達, 在家必達. 夫聞也者, 色取仁而行違, 居之不疑. 在邦必聞, 在家必聞."

자장문: "사하여사가위지달의?" 자왈: "하재이소위달자?" 자장대왈: "재방필문, 재가필문." 자왈: "시문야, 비달야. 부달야자, 질직이호의, 찰언이관색, 려이하인. 재방필달, 재가필달. 부문야자, 색취인이행위, 거지불의. 재방필문, 재가필문." 〈안연〉

자장은 세상의 평판에 초점을 맞춘 처세술을 통해 성공을 획득하려고 하였다. 공자는 문질빈빈한 인격 수양을 강조함으로써 자장의 처신을 바로잡고 조급함을 눌러주고자 하였다.

또한 말은 진실되고 미더우며, 행동은 독실하고 공경스럽게 해야 한다는 언충신, 행독경(言忠信, 行篤敬)의 지침을 주었다.

자장이 세상에 뜻을 펼칠 수 있는 처세에 대해 묻자, 공자가 말했다. "말이 진실되고 미더우며 행동이 독실하고 공경스러우면, 비록 오랑캐의 나라에서라도 뜻을 펼칠 수 있다. 그러나 말이 진실과 믿음이 없고, 행실이 독실하고 공경스럽지 않으면, 비록 자기 마을에서인들 뜻을 펼칠 수 있겠는가?

서 있을 때는 그러한 덕목이 눈앞에 늘어서 있는 듯하고, 수레에 타고 있을 때는 그것들이 멍에에 기대어 있는 듯이 눈에 보인 다음에야 세상에 통할 것이다."

자장이 그 말을 허리띠에 적었다.

子張問行, 子曰: "言忠信, 行篤敬, 雖蠻貊之邦, 行矣. 言不忠信, 行不篤敬, 雖州里, 行乎哉? 立則見其參於前也, 在輿則見其倚於衡也. 夫然後行." 子張書諸紳.
자장문행, 자왈: "언충신, 행독경, 수만맥지방, 행의. 언불충신, 행부독경, 수주리, 행호재? 입즉견기참어전야, 재여즉견기의어형야. 부연후행." 자장서저신. 〈위령공〉

한편 여기서 "자장이 그 말을 허리띠에 적었다"는 마지막 문장에 주목할 필요가 있다. 『논어』라는 텍스트가 생성되는 과정의 일단을 볼 수 있다. 확실히 『논어』는 제자들의 기록과 토론의 산물이다.

제12장

성장의 길

언덕에 올라 해와 달을 우러르다

01
시작은 미미했다

·
·
·

예보다 양을 아끼다

자공(子貢)은 이름이 단목사(端木賜)이며 공자보다 31세 연하이다. 언어를 대표하는 공문 10철이다. 말을 잘하고 외교에도 능했다. 사마천의 『사기』「화식열전(貨殖列傳)」에 실린 만큼 막대한 부를 축적하였다. 공자의 장례를 치르고 6년간 시묘살이를 했다.

자공은 이익에 밝았다. "군자는 옳음에 밝고, 소인은 잇속에 밝다"(君子喩於義, 小人喩於利. 군자유어의, 소인유어리)〈이인〉고 하였는데 말이다. 자공은 경제적 실리를 추구했다.

자공이 초하루를 알리는 의식에 쓰는 양을 없애려고 하자,
공자께서 말씀하셨다.
"사야, 너는 그 양을 아끼느냐, 나는 그 예를 아낀다."

子貢欲去告朔之餼羊. 子曰: "賜也, 爾愛其羊, 我愛其禮."
자공욕거곡삭지희양. 자왈: "사야, 이애기양, 아애기례."〈팔일〉

어떠한 의식을 존속할 것이냐 폐지할 것이냐는 중요한 문제이다. 의식은 예(禮)를 실천하는 질서이자 규범이다. 예의 정신은 실리에 있는 것이 아니다. 허례허식이라고 섣부르게 단정해서는 안 된다. 의식은 예에 기반하여, 예를 실천하고자 생겨난 것이다. 폐지 역시 예의 정신에 따라야 한다. 의식의 존폐는 예의 차원이지 잇속의 차원은 아니다.

방인(方人)의 대가

자공은 비교에 밝았다. 사업적 수완의 기본을 비교에서 얻었다. 무엇이 더 이익인지, 무엇이 더 손해인지를 따지고, 최고의 이익을 선택하고자 촉각을 곤두세웠다.

사람에 대한 비교와 인물 비평 역시 자공의 특기였다. 누가 더 현명한지, 누가 더 도움이 될 것인지를 가늠했다. 자하와 자장 중에서 누가 더 현명한가를 물었다가 과유불급(過猶不及)이라는 대답을 듣기도 했다.

어느 날 또 자공이 다른 사람을 비평하자 공자가 말했다.

"자공은 참 똑똑한가 보구나! 나는 그럴 겨를이 없는데."

子貢方人, 子曰: "賜也賢乎哉! 夫我則不暇."
자공방인, 자왈: "사야현호재! 부아즉불가." 〈헌문〉

방인(方人)은 다른 사람을 비판적으로 품평하는 것이다. 자공은 방인으로 사람을 읽고 세상을 읽었다. 방인은 말로써 덕을 해치는 향원(鄕愿)의 무책임한 요소가 다분하다.

말이 앞서는 사람

자공은 말이 행동에 앞서는 것을 조심하라고 수시로 주의를 받던 사람이었다. 자공이 군자에 관하여 물었을 때, 공자는 이렇게 가르침을 주었다.

"자신이 말하고자 하는 것을 먼저 실행에 옮겨라.
 그런 뒤에 말이 행동을 따르게 하라."

子貢問君子, 子曰: "先行其言, 而後從之."
자공문군자, 자왈: "선행기언, 이후종지." 〈위정〉

자신의 말에 대하여 행동으로 책임지며, 말과 행동을 일치시키는 것이 군자의 길이다. 말 따로, 행동 따로는 소인의 길이며 향원의 행태이다.

말과 행동의 거리는 영원히 가까워질 수 없는 태생적 한계에 가깝다. 말하기는 쉽고 빠르다. 행동하기는 어렵고 느리다. 이 간격을 어떻게 좁힐 것인가가 수양의 기본이자 전부다.

공자는 차라리 행동을 먼저하고 말은 나중에 하라고 하였다. 말과 행동의 간격을 일치시킬 수 있는 유일한 길이다.

02

흔들리면서 피는 꽃

:
:

의욕 과잉

확실히 자공의 말은 행동에 앞섰다. 자공의 포부에 대하여 공자
는 말이 행동에 앞섬을 경계하며 이렇게 말했다.

> 자공: 저는 남들이 저에게 하지 말았으면 하는 것을,
> 저 또한 남들에게 하지 않으려고 합니다.
> 공자: 자공아, 그것은 네가 해낼 수 있는 일이 아니다.
>
> 子貢曰: "我不欲人之加諸我也, 吾亦欲無加諸人." 子曰: "賜也, 非爾所及也."
> 자공왈: "아불욕인지가저아야, 오역욕무가저인." 자왈: "사야, 비이소급야." 〈공야장〉

자공의 말은 훌륭하였으나 문제는 말이 아니라 행동이다. 자공이
'기소불욕물시어인(己所不欲勿施於人)'을 패러디하여 포부를 밝혔는
데, 공자는 '넌 아직 그런 사람이 되려면 멀었다'고 냉혹하게 평했
다. 말이 행동에 앞서는 의욕 과잉이라고 본 것이다.

한편으로는 자공이 '평생토록 실행해야 할 한마디'를 물었을 때,

공자는 '자기가 원하지 않는 일을 남에게 하지 말라'라고 가르침을 주었다.〈위령공〉

그릇 중의 그릇

자공은 남들에 대한 인물평에도 관심이 많았지만 자신에 대해서도 남들이 어떻게 평가하는지에 관심이 많았다.

더군다나 스승으로부터 인정받지 못하고 있다는 자괴감도 있었을 것이다. 칭찬보다는 핀잔과 면박이 주를 이루었다. 하루는 공자께 직접 자기의 사람됨에 대해 물었다.

자공: 저는 어떤 사람입니까?
공자: 너는 그릇이다.
자공: 무슨 그릇입니까?
공자: 호련이다.

子貢問曰: "賜也何如?" 子曰: "女器也." 曰: "何器也?" 曰: "瑚璉也."
자공문왈: "사야하여?" 자왈: "여기야." 왈: "하기야?" 왈: "호련야."〈공야장〉

호련(瑚璉)은 종묘에서 제사지낼 때 곡식을 담던 그릇을 말한다. 이 구절이 출처가 되어 훌륭한 인재를 비유하는 말로 쓰이고 있다. 자공의 인물됨을 '그릇 중의 그릇'으로 평가 한 것으로 읽혔다.

하지만 그릇은 그릇이다. "군자는 그릇이 아니다"라는 군자불기(君子不器)에는 미치지 못하는 한계가 있다. 그릇과 그릇이 아닌 것과의 차이는 질적인 차이다. 그릇이 아무리 가치 있고 빛나더라도 불기(不器)에는 이르지 못한다.

한편 자기의 사람됨에 대하여 직접 질문한 것에 대하여 생각해봐야 한다. 남들의 인정에 목말라하는 소인적 기질이 그대로 드러난다. 군자는 남들의 알아줌에 연연하지 않는 존재다. 불환인지불기지(不患人之不己知), 남들이 자기를 알아주지 않음을 걱정하지 말라고 하였다.〈학이〉

비교 하기와 비교 당하기

남들에 대한 인물평과 자신에 대한 인물평에 관심이 넘치는 자공에게 따끔한 일침을 주고자 수제자 안회와 이렇게 비교했다.

공자: 너와 안회 가운데 누가 나으냐?

자공: 제가 어떻게 감히 안회를 바라보겠습니까?

　　　안회는 하나를 들으면 열을 알고,

　　　저는 하나를 들으면 둘을 압니다.

공자: 그만 못하지. 너와 나는 그만 못하다.

子謂子貢曰: "女與回也孰愈?" 對曰: "賜也何敢望回? 回也聞一以知十, 賜也聞一以知二."
子曰: "弗如也. 吾與女弗如也."
자위자공왈: "여여회야숙유?" 대왈: "사야하감망회? 회야문일이지십, 사야문일이지이."
자왈: "불여야. 오여여불여야."〈공야장〉

이 대화에서 생각해볼 몇 가지 주제가 있다.

첫째는 공자는 왜 제자들 간의 비교라는 극단적인 방법을 동원하였을까에 대하여 생각해본다. 아마 자공의 방인(方人)적 방법으로 자공을 가르침으로써 교육적 효과를 배가시키고자 하였을 것으로 보인다. 방인을 일삼는 자공에게 방인의 습관을 고칠 수 있도록 하기 위함이다.

둘째는 비교 대상이 왜 안회인지에 대하여 생각해본다. 안회는 덕행의 대명사이자 공자가 인정하는 수제자다. 비교하려면 제대로 비교하라는 메시지이다. 비교의 내용은 인을 실천하는 덕행이 핵심임을 각인시키고, 비교의 대상은 최고 수준의 인재와 비교해야 함을 보여주고자 한 것으로 보인다.

셋째는 왜 자공뿐만 아니라 공자 자신도 안회만 못하다고 평가하였는지에 대해 더 생각해본다. 안회의 '하나를 들으면 열을 안다'는 문일지십(聞一知十)을 인정한다면 안회는 천재급의 생이지지자(生而知之者)일 것이다. 공자는 스스로 생이지지자가 아니라고 말했다.(我非生而知之者, 好古, 敏以求之者也. 아비생이지지자, 호고, 민이구지자야.)〈술이〉다른 측면에서는 자공에 대한 배려일 수 있다. 안회보다 못하다고 주눅 들거나 자책하지 말라는 격려의 의미가 있다.

넷째는 자공의 입장이다. 자공은 이 비교 평가를 어떻게 받아들였을까 생각해본다. 자공은 영민한 제자였다. 공자의 가르침을 충분히 받아들였다. 안회와의 비교를 깨끗하게 인정했다.

그러면서도 자공다운 도저한 자의식을 숨기지 않았다. 스스로를 문일지이(聞一知二), '하나를 들으면 둘은 안다'고 평했다. 최소한의 발전 가능성을 남겨 두었다. 배움에 나름대로 소질이 있다는 자존감을 바탕에 두고 있다. 자아효능감은 동기부여와 자아 발전의 전제이다.

하나만을 생각하라

공자는 영민한 제자 자공을 아꼈다. 하지만 자공의 주지주의적 편향과 함부로 말을 함으로써 인을 훼손하는 모습을 안타까워했다. 공자는 이렇게 가르침을 주었다.

공자: 자공아, 너는 내가 많이 배워서 그것을 외우고 있는 사람이라고 생각하느냐?
자공: 그렇습니다. 그런 것이 아닙니까?
공자: 아니다. 나는 하나의 이치로 모든 것을 꿰뚫고 있다.

子曰: "賜也, 女以予爲多學而識之者與?" 對曰: "然, 非與?" 曰: "非也. 予一以貫之."
자왈: "사야, 여이여위다학이지지자여?" 대왈: "연, 비여?" 왈: "비야. 여일이관지."
〈위령공〉

〈이인〉 편에서 공자는 나의 도는 일이관지(一以貫之)하다고 말했고, 증자는 바로 알아듣고 충서(忠恕)의 도를 역설했다.
여기서 다시 일이관지의 가르침을 주었다. 사람다움의 길은 단순히 많은 것을 배우고 외우는 데 있는 것이 아니라는 것이다. 오직 인(仁)을 실천하는 하나의 이치로 일관된다는 의미다.

03
깨달음을 듣다

:

깨달음의 순간

자공은 멈추지 않았다. 학문을 닦고 자기를 닦으며 사람다움의 덕을 쌓았다. 자기의 부족을 알았고, 자신이 가야 할 사람다움의 길을 찾았다. 자공의 질적 전환이 일어나는 빛나는 장면은 이렇게 펼쳐진다.

자공: 가난하지만 아첨하지 않고, 부유한데도 교만하지 않으면 어떻습니까?

공자: 그 정도도 괜찮지. 하지만 가난한데도 도를 즐기고, 부유해도 예를 좋아하는 것만은 못하구나.

자공: 『시경』에 '자른 듯, 간 듯, 쫀 듯, 다듬은 듯'이라고 하였는데, 바로 이를 두고 말하는 것이겠군요.

공자: 자공아, 이제 너와 함께 『시경』을 말할 수 있겠구나. 지난 것을 일러주니 올 것을 아는구나.

子貢曰: "貧而無諂, 富而無驕, 何如?" 子曰: "可也. 未若貧而樂, 富而好禮者也." 子貢曰:

"『詩』云: '如切如磋, 如琢如磨,' 其斯之謂與" 子曰: "賜也始可與言『詩』已矣, 告諸往而知
來者."
자공왈: "빈이무첨, 부이무교, 하여?" 자왈: "가야. 미약빈이락, 부이호례자야." 자공왈:
"『시』운: '여절여차, 여탁여마,' 기사지위여" 자왈: "사야시가여언『시』이의, 고저왕이지
래자."〈학이〉

드디어 깨달음을 얻었다. 내공이 터지는 순간이다. '사람이 사는
좋은 세상을 열어 사람답게 살자'는 천명을 알아들었다. 가난한데도
도(道)를 즐기고, 부유해도 예(禮)를 좋아하는 것의 참 의미를 깨달
았다. 도와 예는 빈부귀천을 떠나 모든 사람이 즐기고 행해야 할
사람다움의 길이며 질서이며 규범인 것이다.

자공은『시경』을 인용하는 울림 깊은 질문으로 스승의 인정을 이
끌어 냈다. 옥돌을 갈고 닦아서 빛을 내듯이 부지런히 도를 닦고 예
를 실천하는 절차탁마의 길을 열었다. 사람다움의 인(仁)은 끝이 없
는 삶의 과정이고 도야와 실천 속에 익어간다는 의미를 체득했다.

자공은 새롭게 태어났다.

군자를 논하다

이제 자공은 자기 머리로 생각하고 자기의 언어로 말하는 자율적
존재로 거듭났다. 정치에 관심이 많았던 자공은 군자의 수양에 대
하여 거침없이 자기의 통찰적 사유를 전개했다. 자공은 이렇게 말
했다.

"군자의 잘못은 일식이나 월식과 같다.
잘못을 하면 사람들이 모두 그를 바라보고,

잘못을 고치면 사람들이 모두 그를 우러러본다."

子貢曰: "君子之過也, 如日月之食焉. 過也, 人皆見之; 更也, 人皆仰之."
자공왈: "군자지과야, 여일월지식언. 과야, 인개견지; 경야, 인개앙지."〈자장〉

여기서 군자는 공동체를 바른 길로 이끄는 임무를 수행하는 정치적 지도자를 말한다. 위정자는 공인이다. 공적 가치를 실현하기 위한 솔선수범이 군자의 길이다.

원대한 꿈

자공은 꿈이 원대했다. 백성을 구제함으로써 인(仁)을 실천하고자 하였다. 공자는 작은 것부터 하나하나 실천하라고 이렇게 타일렀다.

자공: 널리 백성에게 은혜를 베풀고 민중을 어려움으로부터 구제해 줄 수 있다면 어떻습니까? 인(仁)이라 이를 수 있겠습니까?

공자: 어찌 인이기만 하겠느냐? 틀림없이 성스럽다고 하겠다. 요와 순임금조차도 그렇게 못하는 것을 근심으로 여기셨다. 대저, 인이란 자신이 서고 싶을 때 남부터 세워주고, 자신이 뜻을 이루고 싶을 때 남부터 뜻을 이루게 해주는 것이다. 가까운 데서 깨달음을 얻을 수 있다면 그것이 바로 인에 이르는 방법이라고 할 수 있다.

子貢曰: "如有博施於民而能濟衆, 何如? 可謂仁乎?" 子曰: "何事於仁, 必也聖乎! 堯舜其猶病諸! 夫仁者, 己欲立而立人, 己欲達而達人. 能近取譬, 可謂仁之方也已."
자공왈: "여유박시어민이능제중, 하여? 가위인호?" 자왈: "하사어인, 필야성호! 요순기유병저! 부인자, 기욕립이립인, 기욕달이달인. 능근취비, 가위인지방야이."〈옹야〉

박시제중(博施濟衆)은 백성들에게 널리 베풀고 민중을 구제한다는 뜻으로 이상적인 복지국가의 모델이라 할 수 있다. 자공의 관심은 수기(修己)의 차원을 넘어 치인(治人)의 국면으로 접어들었다.

공자는 자공의 뜻이 너무 크다고 일깨웠다. 박시제중은 전설적인 성인인 요임금, 순임금마저도 버거워했던 숙제였다고 전제하고, 멀리서 찾지 말고 가까이에서 깨달음을 얻으라고 능근취비(能近取譬)의 길을 일러주었다.

그 길은 기욕립이립인(己欲立而立人)과 기욕달이달인(己欲達而達人)에 있다. 자기가 어느 지위에 서고 싶으면 다른 사람으로 하여금 그 지위에 먼저 서게 하고, 자기가 어느 경지에 도달하고 싶으면 다른 사람으로 하여금 거기에 도달하게 하는 것이다. 배려와 공감의 적극적인 실천이다.

기소불욕 물시어인(己所不欲 勿施於人), 자기가 하기 싫은 것은 남에게 시키지 않는 인의 실천이다. 기욕립이립인, 기욕달이달인은 자기가 서고 싶으면 남도 세워주고, 자기가 통하고 싶으면 남도 통하게 해주는 인의 실천이다.

인(仁)이란 자기 마음을 미루어 남을 헤아리는 추기급인(推己及人)의 배려와 공감임을 역설하였다. 인의 실천은 멀리 있는 것이 아니라 일상 속에 있는 것이다. 스스로가 인을 바라기만 하면 인은 바로 곁에 있다고 했다.

군자의 경지

이제 자공은 수기치인의 실천을 사회적 맥락에서 고민하기 시작했다. 군자의 분노에 대하여 자기의 주장을 전개했다. 공자와 자공의 대화는 이렇게 전개된다.

자공: 군자도 미워하는 게 있습니까?

공자: 군자도 미워하는 게 있지.

　　　남의 잘못을 떠들어대는 것을 미워하고,

　　　아랫사람으로서 윗사람을 헐뜯는 것을 미워하며,

　　　용감하기만 하고 예의가 없는 것을 미워하고,

　　　과감하긴 한데 꽉 막힌 것을 미워하지.

공자: 자네 또한 미워하는 게 있느냐?

자공: 남의 생각을 훔쳐서 유식한 체하는 것을 미워하고,

　　　불손한 것을 용감하다고 여기는 것을 미워하며,

　　　남의 결점을 들추어내는 것을 솔직하다고 여기는 것을 미워합니다.

子貢曰: "君子亦有惡乎?" 子曰: "有惡. 惡稱人之惡者, 惡居下流而訕上者, 惡勇而無禮者, 惡果敢而窒者." 曰: "賜也亦有惡乎?" "惡徼以爲知者, 惡不孫以爲勇者, 惡訐以爲直者."
자공왈: "군자역유오호?" 자왈: "유오. 오칭인지악자, 오거하류이산상자, 오용이무례자, 오과감이질자." 왈: "사야역유오호?" "오요이위지자, 오불손이위용자, 오알이위직자."
〈양화〉

자공은 왜 군자의 증오에 대해서 물었을까?

"오직 인한 사람만이 사람을 좋아할 수 있고, 또한 미워할 수 있다."(惟仁者 能好人 能惡人 유인자 능호인 능오인)〈이인〉 하였다. 사람들의 불인(不仁)은 어떻게 다스려야 하는가를 고민한 것이다. 공자는 분노해야 할 것은 분노해야 한다고 말했다.

또한 공자는 왜 자공에게도 미워하는 것이 있는가라고 되물었는

가에 대하여 주목할 필요가 있다. 공자의 이 질문은 매우 특이한 사례이다. 논어 전편에 걸쳐 대화의 장면에서 공자가 먼저 질문을 하고 공자의 대답이 아닌 제자의 대답으로 끝나는 경우는 없다. 자공의 성장을 상당 부분 인정한 것이다. 자공을 대하는 공자의 태도가 확연히 달라졌음을 발견할 수 있다.

한편 공자가 미워한 4가지와 자공이 증오한 3가지 모두 흔히 범하기 쉬운 일상 상의 불인(不仁)으로 극복의 대상이다.

04

언덕에 올라

∙
∙
∙

공자의 변호인

자공은 공자 사후에 6년간의 시묘살이를 하면서 공자학단을 지킨 파수꾼의 역할을 자임했다. 자공은 우선 공자를 성인(聖人)의 반열에 올리고자 노력하였다. 사마천은 공자의 이름이 널리 선양된 것은 자공의 공이 크다고 하였다(『사기』, 「화식열전」). 또한 공자의 언행록을 모아 『논어』로 엮는 기초 작업을 진행하였을 것으로 보인다. 특히 공자에 대한 세간의 비평에 대하여 적극적으로 변호했다.

위나라의 대부 공손조가 자공에게 공자는 어디에서 배웠느냐고 물었다. 자공은 이렇게 말했다.

"문왕과 무왕의 도(道)가 아직 땅에 떨어지지 않고 사람들에게 남아 있습니다. 현명한 자는 큰 것을 알고, 현명하지 못한 자라도 작은 것을 알고 있으니, 문무의 도는 없는 데가 없습니다. 그러니 선생님께서 어디에선들 배우지 않았겠습니까? 또한 어찌 일정한 스승이 있었겠습니까?"

衛公孫朝問於子貢曰: "仲尼焉學?" 子貢曰: "文武之道, 未墜於地, 在人. 賢者識其大者,
不賢者識其小者. 莫不有文武之道焉. 夫子焉不學? 而亦何常師之有?"
위공손조문어자공왈: "중니언학?" 자공왈: "문무지도, 미추어지, 재인. 현자식기대자,
불현자식기소자. 막불유문무지도언. 부자언불학? 이역하상사지유?" 〈자장〉

아마 공자를 가장 잘 이해한 제자가 자공일 것이다. 자공은 공자
의 사상뿐만 아니라 학술의 연원까지도 제대로 파악하고 있었다.
문무지도(文武之道)는 주나라 창건자인 문왕과 무왕의 도를 말한다.
곧 성인의 도이다. 공자는 문무지도를 회복함으로써 사람이 사는
사회의 질서와 규범을 바로잡고자 하였다.

공자보다 위대하다고?

공자보다 뛰어나다는 사회적 평판을 받은 유일한 사람이 자공이
다. 자공은 오히려 공자의 위대함을 명료하게 각인시키며 공자를
성인화 하였다.

노나라 대부 숙손무숙이 조정에서 대부들에게 "자공이 공자보다
뛰어난 사람이다"라고 했다. 자복경백이 이 사실을 자공에게 알려
주었다. 이에 자공은 이렇게 말했다.

"궁궐의 담장에 비유하자면, 저의 담은 어깨 정도의 높이여서 집 안
의 좋은 면을 엿볼 수 있지만, 우리 선생님의 담은 몇 길이나 되므
로 그 문을 찾아 들어가지 않으면 종묘의 아름다움이나 관리들의
풍성함을 볼 수가 없습니다. 그런데 그 문을 찾아 들어가 본 사람이
아마 드물 것이니, 그분이 그렇게 말씀하시는 것도 또한 당연하지

않겠습니까?"

叔孫武叔語大夫於朝曰: "子貢賢於仲尼." 子服景伯以告子貢. 子貢曰: "譬之宮牆, 賜之牆
也及肩, 窺見室家之好. 夫子之牆數仞, 不得其門而入, 不見宗廟之美, 百官之富. 得其門
者或寡矣, 夫子之云, 不亦宜乎!"

숙손무숙어대부어조왈: "자공현어중니." 자복경백이고자공. 자공왈: "비지궁장, 사지장
야급견, 규견실가지호. 부자지장수인, 부득기문이입, 불견종묘지미, 백관지부. 득기문
자혹과의, 부자지운, 불역의호!" 〈자장〉

자공은 공자의 위대함을 범인들이 알기가 어려울 수 있다고 인정
함으로써 공자를 더욱 위대하게 보이도록 하였다. 또는 자신을 스
스로 낮춤으로써 오히려 높였다. 공자의 진면목을 아는 사람이 훌
륭한 사람임을 보여주었다.

해와 달을 우러르다

공자에 대한 세간의 비난에 대하여 자공은 군자적인 풍모로 가르
침을 주었다. 다른 사람의 현명함은 언덕이라면 공자의 위대함은
해와 달의 경지라고 엄숙히 선언했다.

숙손무숙이 공자를 헐뜯는 말을 전해 듣고, 자공이 이렇게 말했다.

"그래봤자 소용이 없다. 공자는 헐뜯을 수가 없는 사람이다. 다른 사
람의 현명함이란 언덕이나 산과 같아서 그런대로 넘을 수 있지만,
공자는 해와 달 같아서 도저히 넘을 수 없다. 사람들이 제아무리 관
계를 끊으려 한들, 해와 달에 무슨 손상을 입히겠는가? 다만 자신의
분수 모름을 드러낼 뿐이다."

叔孫武叔毀仲尼, 子貢曰: "無以爲也! 仲尼不可毀也. 他人之賢者, 丘陵也, 猶可踰也; 仲
尼, 日月也, 無得而踰焉. 人雖欲自絕, 其何傷於日月乎? 多見其不知量也."
숙손무숙훼중니, 자공왈: "무이위야! 중니불가훼야. 타인지현자, 구릉야, 유가유야; 중
니, 일월야, 무득이유언. 인수욕자절, 기하상어일월호? 다견기부지량야."〈자장〉

만세의 스승

공자는 만세의 스승이라 일컬어진다. 새로운 문명을 열고 새로운
질서를 세웠다. 자공은 공자의 삶을 이렇게 정리했다. 자공은 이미
공자를 성인으로 추앙했다. 스스로 공자의 제자라는 사실에 무한한
긍지를 표출했다.

진자금이 자공에게 말했다. "자공께서 겸손해서 그렇지, 중니가 어찌
선생보다 현명하겠습니까?"

자공이 대답했다. "말 한마디에 지와 무지가 드러나는 법이므로 군
자는 말을 삼가지 않을 수 없다. 공자께 닿을 수 없음은 마치 하늘을
사다리로 오를 수 없는 것과 같다. 만약 공자께서 나라를 다스리게
되신다면, 말 그대로 '세우려 하니 스스로 서고, 이끌려 하니 스스로
행하고, 편안케 하니 스스로 따라 오고, 움직이게 하니 스스로 화목
해진다'는 말과 같으리라. 그분은 살아서는 영예로웠으며, 돌아가셨
을 때는 모두 슬퍼하였다. 어떻게 그분께 미칠 수 있겠는가?"

陳子禽謂子貢曰: "子爲恭也, 仲尼豈賢於子乎?" 子貢曰: "君子一言以爲知, 一言以爲不
知, 言不可不愼也. 夫子之不可及也, 猶天之不可階而升也. 夫子之得邦家者, 所謂立之斯
立, 道之斯行, 綏之斯來, 動之斯和. 其生也榮, 其死也哀, 如之何其可及也?"
진자금위자공왈: "자위공야, 중니기현어자호?" 자공왈: "군자일언이위지, 일언이위부
지, 언불가불신야. 부자지불가급야, 유천지불가계이승야. 부자지득방가자, 소위립지사
립, 도지사행, 수지사래, 동지사화. 기생야영, 기사야애, 여지하기가급야?"〈자장〉

⋮

갈매기의 꿈

"너는 지금 여기서 네 자신이 될,
 너의 진정한 자신이 될 자유가 있다.
 아무것도 너를 방해할 수는 없다."

〈갈매기의 꿈〉(리처드 바크, Richard Bach)에서 자유의 참 의미를 재발견한다.

더 높이, 더 멀리 날기를 꿈꾸는 것이 자유이다.

더 나은 자기, 더 좋은 자신을 만들어가는 길이 자기다움이고 자유이다. 더 나은 사람, 더 좋은 사람이 되어가는 과정이 사람다움이고 자유이다.

꽃들에게 희망을

"나비가 되면 새로운 세상을 발견하게 되는데 많은 애벌레들은 그것을 깨닫고 있지 못하지. 자기 안에 나비가 될 수 있는 능력을 두고 다른 곳에서 찾고 있단다. 너도 올라와서 나비가 되어 새로운 세상을 찾아보렴"

〈꽃들에게 희망을〉(트리나 폴러스, Trina Paulus)에서 자유롭게 사는 삶의 의미를 재확인한다. 애벌레는 나비가 되어 자아를 실현하며 나비는 꽃들에게 희망을 주면서 자아를 완성한다. 우리는 저마다 자기의 비전으로 새로운 세상을 열어가는 자유인이다. 자유는 희망 이다.

기쁘게, 즐겁게, 자유롭게

자공의 성장은 교육적 존재 변화의 귀감이다. 잇속에 밝으며, 말 이 앞서는 자에서 자기의 질문을 만들어내는 독립된 인격으로 우뚝 섰다.

논어로 열어가는 마음 푸른 청년의 삶과 비전은 사람다운 길, 자 기다운 길이다. 기쁘게, 즐겁게, 자유롭게 더 좋은 삶을 만들어가는 아름다운 길이다.

어느 누가 보아주지 않아도 이미 기쁘고,
어느 누가 찾아주지 않아도 이미 즐겁고,
어느 누가 알아주지 않아도 이미 자유롭다.
그대의 향기는 그윽하게 스며든다.
그대의 향기가 고고하게 깊어진다.

백승수

성균관대학교에서 정치학, 언론학 및 교육학을 공부하고,
교육학 박사 학위를 받았다.
가천대학교 교수로 재직 중이며, 한국교양교육학회 부회장 등을 역임했다.
《논어와 21세기》라는 교양 과목을 통해 학생들과 《논어》를 읽어 왔다.
저서로 《교양교육의 지평: 쟁점과 과제》를 펴냈고,
주요 논문으로 〈자유교육과 논어교육의 지평 융합〉 외 다수가 있다.

청년논어

초판발행	2022년 12월 30일
중판발행	2024년 1월 31일
지은이	백승수
펴낸이	노 현
편 집	전채린
기획/마케팅	허승훈
표지디자인	이수빈
제 작	고철민·조영환
펴낸곳	㈜ 피와이메이트
	서울특별시 금천구 가산디지털2로 53 한라시그마밸리 210호(가산동)
	등록 2014. 2. 12. 제2018-000080호
전 화	02)733-6771
f a x	02)736-4818
e-mail	pys@pybook.co.kr
homepage	www.pybook.co.kr
ISBN	979-11-6519-373-7 93140

정 가   20,000원

박영스토리는 박영사와 함께하는 브랜드입니다.